孩子不再害怕數學

Math Learned From Dad

10招爸爸輕鬆教的生活數學

孫路弘——著

想建立孩子的數學思考方法，一樣可從生活中做起！

推薦序

讓孩子喜歡數學，父母的力量不容小覷

讓孩子喜歡數學是不可能的任務嗎？還是我們尚未找到可行的方法呢？

《孩子不再討厭數學：10 招媽媽輕鬆教的生活數學》、《孩子不再害怕數學：10 招爸爸輕鬆教的生活數學》這兩本書提供了動手做、動腦想、動眼讀、動口說的實際活動，讓家長也能夠一起參與孩子學習數學的過程，幫助孩子或自己重新喜歡上數學！這些活動不僅能讓孩子從生活情境中理解隱藏的數學規則，也讓家長認識數學學習的機制：理解力、記憶力、自我監控力等。

媽媽的 10 招以日常生活中的實際例子先去除孩子對數學的恐懼，領略數學的樂趣。再接著爸爸的 10 招則引導孩子進一步地去了解背後的數學規則，讓孩子的數學思考變得更有效、數學學習變得更主動。

透過這兩本書，不但可以讓家長重新啟發孩子對數學的興趣，為孩子的數學素養奠定良好基礎，在過程中更會不知不覺地和孩子一同愛上數學，親近數學！

——臺灣師範大學數學系教授　楊凱琳

推薦序

探索數學的真善美，進而擁有美好人生

數學是門體現、擴展與探索真、善、美的科目，在歷史發展上，人們透過觀察自然的現象，歸納出數學的法則，進而演繹出公理，利用它順利地解決面臨的問題；所以數學的學習始於觀察，終於應用解題。

中小學學生為何討厭數學？為何對數學產生恐懼害怕呢？原因雖部分源於數學本質的奧妙之外，最重要的原因應來自於師長的教學方式和引導方法，造成孩子對數學學習的誤解和厭惡。如何讓學生自小開始即培養喜愛數學的態度、樂於接受挑戰，是數學教育應積極努力的方向。

書中的數學問題皆由生活情境或故事引出，透過父母親的引導與鼓勵，讓孩子盡情地揮灑思考，在辯證、說理的過程中獲致答案，這個步驟是孩子樂於學習數學的起點。書中另安排了一些較複雜和困難的題目給孩子挑戰，符合了學習中溫故知新的法則，讓孩子能將數學知識加以應用和轉換。本書可為一本啟發師長教導孩子數學的工具書，大人們若能妥善利用作者提出的數學示例與學習的心理法則，相信孩子必能樂於數學，從數學中獲致數學的真諦——擁有真善美的人生。

——台中教育大學數學教育學系主任 陳嘉皇

推薦序
當親子數學故事的主角

台灣最近兩期全球 PISA 數學成績位居第 4 名，但低分群佔的比率亦非常的高。在 2012 年的評量，有 55% 的學生碰到難作業會拖延，「毅力」指標略低於 OECD 國家 (編註：經濟合作暨發展組織之英文簡稱)，顯示出台灣學生對數學學習、動機和自信等，是台灣教育界未來應該正視的問題。

我國 12 年國民基本教育，重視「核心素養」的培養，對數學的興趣和自信除了課堂的學習，還與日常生活息息相關。而家庭生活是學生最貼近的日常活動，所以除了學校的數學老師之外，會影響孩子的數學態度及參與的也有父母。個人近十多年來親自進入小學教室，藉由玩數學遊戲培養學生學習數學及應用數學的能力；也透過家長成長班的課程及專書介紹幼稚園和國小的家長們如何在家和孩子玩數學。根據參與我課程的家長所給予的回饋，晚餐後和孩子玩數學，不單只增進親子感情，也提升了孩子對數學的喜好，孩子們不再將數學視為一門「科目」而已。

由於前述個人研究的旨趣，所以在看到孫路弘先生《孩子不再討厭數學：10 招媽媽輕鬆教的生活數學》和《孩子不再害怕數學：10 招爸爸輕鬆教的生活數學》二書有股莫名的親切感，我亦認同父母對孩子學數學的重要性，同時很榮幸有機會為讀者做引薦。孫先生的這兩本書先後設定「媽媽」和「爸爸」為標題，由媽媽做為「啟蒙」，後續再由爸爸「引導」，或許是就其過去生活故事的鋪陳，讀者當然可以更有彈性的看待親子間的數學活動，尚毋須拘泥在性別及先後的問題。

這兩本書以作者早年的日記當楔子，很喜歡他用日記出發，更鼓勵孩子寫日記，改善手機便利性令孩子執筆忘字的現象。孫先生以他過去的數學歷程故事引入，令讀者享受聽故事的愉悅也可以看到數學思維發展的脈絡。這兩本書涵蓋：數與計算(指尖上的數學、井字遊戲玩轉加減乘除)、量(3支冰棒與1瓶汽水的錢是一樣的)、關係(音符裡藏著數學規律)及解題(畫數線找出兄弟年齡差多少)，也包含家長在數學輔導時的疑惑與解惑。其內容值得關心孩子數學學習及想藉由親子互動學習增進親子關係的家長一同閱讀，讀者可仿其中的方法和孩子互動，相信會很有許多意外的收穫，趕快去當親子數學故事的主角吧！

——國立中山大學教育研究所暨師資培育中心教授 梁淑坤

總序
三個橋段：從媽媽的啟蒙到爸爸的引導

橋段，就是電影中從一個情節跳到另外一個情節的過渡事件。有些電影的橋段意義深遠，有些牛頭不對馬嘴。如今擺在你面前的這兩本書，從《孩子不再討厭數學：10 招媽媽輕鬆教的生活數學》，到《孩子不再害怕數學：10 招爸爸輕鬆教的生活數學》，該如何銜接？你要先過三個橋段。

橋段一：手指乘 8 的技巧

在《孩子不再討厭數學：10 招媽媽輕鬆教的生活數學》一書中，媽媽為了緩解我對乘法的恐懼，用數手指的方式，讓數學變得趣味橫生，從而開啟了我對數學的興趣，讓我一路走到今天。

當我記不住乘 9 的口訣時，媽媽教給我的是這樣的手勢，如圖 0-1 所示。

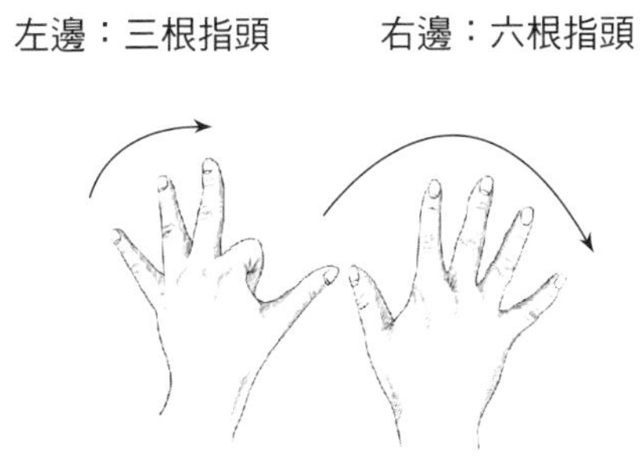

圖 0-1

伸出兩隻手，要做 4×9。從左手開始數 4 下，數到的這根指頭彎下去。這時，左邊是 3 根指頭，右邊是 6 根指頭，就是 36。也就是 4×9 ＝ 36。

你可以自己試一試，就知道訣竅了。只要乘 9，就可以這麼做。

這就是上橋，你已經從橋的一邊出發了。然後你開始問，乘 8 有沒有這樣簡便的指法呢？《孩子不再討厭數學：10 招媽媽輕鬆教的生活數學》裡也給大家呈現了乘 8 的方法，不過，爸爸教的方法才真正讓我徹底想透了這個手指魔法的奧祕。

讓我們重新把乘 9 的這個手指魔法想透徹。

數到第 4 根指頭，彎下去後，左邊是 3 根指頭，代表了 30，也就是 3 個 10。右邊是 6 根指頭，代表了個位數的 6，也就是：3×10 ＋ 6 ＝ 36。

我們用的是 10 根指頭，對吧？當然了。你現在是不是想學會乘 8 的方法？那就要用 9 根指頭，如圖 0-2 所示。要做 4×8，同樣需要從左邊小指開始數到 4，然後彎下去，左邊剩下 3 根指頭，右邊剩下 5 根指頭。不要忘記，要用 9 根指頭，你現在做的是乘 8 的方法。

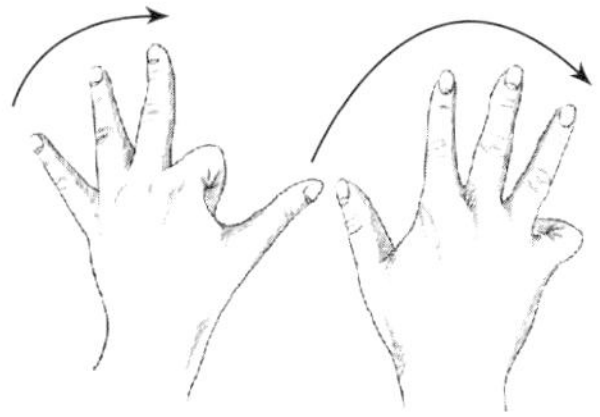

圖 0-2

那麼，左邊的 3 是不是不代表 10，而應該代表 9 呢？對了。於是，就得出了 3×9 ＋ 5 ＝ 32。再想一想，乘法口訣裡 4×8 是不是 32 呢？

啊哈！開竅了嗎？

媽媽開啟了我數學的興趣之門，爸爸帶我走上了規律之路。那麼現在我該問你了，4×7 呢？你要回答的問題有：

1．應該用多少根指頭開始玩？

2．彎下去的指頭左邊代表什麼？

3．彎下去的指頭右邊代表什麼？

你從橋的這邊邁步上橋，那就是《孩子不再討厭數學：10 招媽媽輕鬆教的生活數學》，然後，下橋的時候居然發現，你開啟了一條新的道路，這條路的名字叫《孩子不再害怕數學：10 招爸爸輕鬆教的生活數學》。

橋段二：從格子乘法到直式除法

媽媽在生活中帶我玩盡數學，而爸爸總是順應我，為我指出規律的道路。當我怎麼都學不會學校老師教的除法時，是爸爸帶我走出了除法的新天地。學校老師教了個位數除法，我老是做錯，真沒勁。當初學乘法時媽媽教的格子乘法，讓我走出了沮喪，我讓媽媽教我格子除法。媽媽看著我的作業，那些除法錯誤百出，但她的臉色沒有越來越嚴肅，反倒漸漸露出了笑容，並叫爸爸過來看我的作業。爸爸平時很少看我作業的，這一看，也笑了，問我是不是老師教的。我的卷子上是這麼寫的，請看圖 0-3。

$27 \div 8 = 3$　　　$49 \div 7 = 7$　　　$64 \div 4 = 16$

$$\begin{array}{r} 27 \\ \div \quad 8 \\ \hline 3 \end{array} \qquad \begin{array}{r} 49 \\ \div \quad 7 \\ \hline 7 \end{array} \qquad \begin{array}{r} 64 \\ \div \quad 4 \\ \hline 16 \end{array}$$

圖 0-3

我說老師畫叉了，老師教的那個除法我不記得了。於是，關鍵的思維歷程從這裡開始。爸爸問我，這個除法是怎麼想的呢？於是，我給爸爸寫了幾個算式，請看圖 0-4。

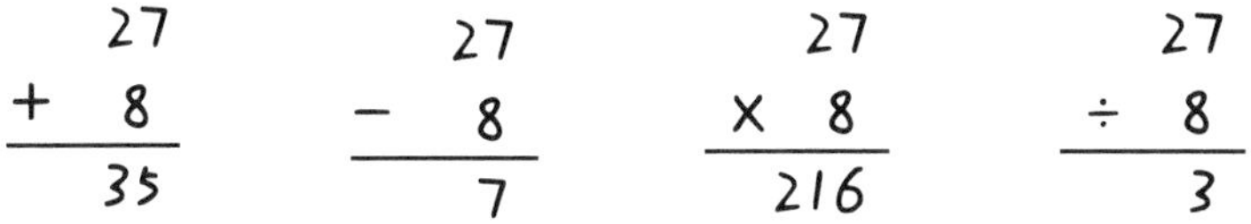

圖 0-4

爸爸說，哦，你要是這麼想的，那 64 除 4，你是怎麼寫出 16 的呢？我說，64 的最後一位是 4，只有 6 才能夠乘 4 後個位是 4 啊。我試過，不能是 1、2、3、4、5、7、8、9，只有 6 可以。然後，爸爸畫下了下面這個算式，並講了想法。如圖 0-5 所示。

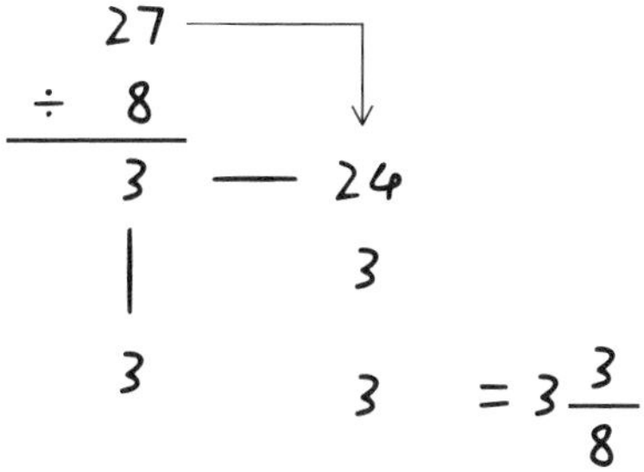

圖 0-5

爸爸說，你猜了 3，那就看看 27 裡有沒有 3 個 8，結果呢，3 個 8 是 24，那麼，27 裡還剩下 3，就把 24 寫上，把 3 也寫上，然後除法的結果就出來了，是 $3\frac{3}{8}$。

於是，爸爸又給了我一個新的除法，如圖 0-6 所示。

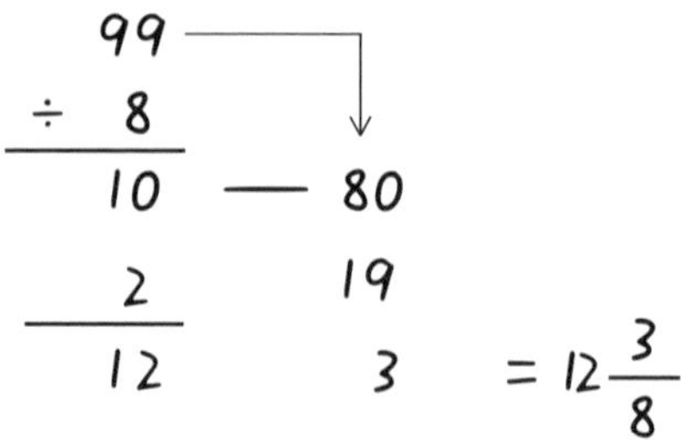

圖 0-6

- 第一步，你猜 99 裡有多少個 8，猜有 10 個，寫上 10。
- 第二步，那就是有 10 個 8，就是 80。
- 第三步，從 99 裡扣除 80，剩餘 19。
- 第四步，19 裡還有 8，猜有 2 個。
- 第五步，那就是 16，從 19 裡扣除 16。
- 第六步，還有 3，3 裡沒有足夠的 8 了。
- 第七步，結果出來，12 個 8，餘 3。

果然，我從此就會了除法。這就是一個猜的過程，多猜幾次，然後用乘法的結果來扣除，剩下的寫在旁邊就可以了。

你學過這樣寫的除法算式嗎？你還記得上小學學習除法時，是多麼不理解老師給的計算方式嗎？爸爸理解了我，他理解我寫除法算式的時候，是順應了加法、減法、乘法算式的樣子的，那是我腦海中揮之不去的熟悉的、習慣的、固化已久的樣子。

實際上，這樣寫除法算式的思考過程與學校老師教的思考過程是一樣的，都是先猜，然後減，剩下餘數，然後繼續猜。爸爸順著我的思路講了出來，並將思路的痕跡變成了圖形的樣子，而且圖中的每一個環節，我都知道原因，猜測、扣除、剩餘……媽媽給了我一個格子乘法，爸爸給了我一個直式除法，都是別出心裁、前無古人的樣子。這一回，老師徹底沒話說了，他發現我寫的樣子與他教的不同，可是卻總能做對。

要不你試一試，三位數除兩位數，看看能不能做對。不過，也許你陷入傳統做法的時間已經太久了，難以轉化自己的思路，看不出兩種形式的除法，但其實它們在本質上完全一樣。而對孩子來說，不一樣的是理解的過程，好不容易習慣了直式的加、減、乘，結果到除法的時候卻弄了一個全新的樣子，真不舒服。

這一回，可看出我爸爸的厲害了，他是順應了我的模式，並把除法的猜測思路扣在我的模式上講了出來，也讓我自然接受了。

媽媽給了我數學的興趣，爸爸順應了我對規律的認識。

橋段三：鞋帶編織的夢

這第三個橋段，我要講一段童年趣事。我從河南五七幹校回到北京後，媽媽給我買了一雙球鞋，是那個年代流行的軍綠色球鞋。我非常喜歡，結果害爸爸媽媽有了爭執。起因在我，就是我這雙球鞋。

我把鞋帶抽了出來，結果沒辦法自己穿回去了。媽媽幫我穿好了鞋帶，我又給它拉出來了。媽媽問我還要不要出去，爸爸說，別管他了。他們不太高興地出去了，我一個人留在家裡，把玩我這雙新球鞋。他們是下午一點多出門的，走的時候把我一個人鎖在家裡，天都要黑了，他們才回來，卻看見我仍然在把玩我的球鞋。我陷入了鞋帶的困惑中。

你說我應該如何穿這個鞋帶呢？如圖 0-7 所示，是鞋帶最初的樣子，我就是怕自己忘了最初的樣子，所以保留了一隻鞋，沒有把鞋帶抽出來。我自己弄了一個穿法，就是圖 0-8 的樣子。爸爸說，這樣不緊。我自己試了一下，穿到腳上，腳面感覺鬆，確實不緊。於是，我改進方法，就有了第三種鞋帶的穿法。如圖 0-9 所示。

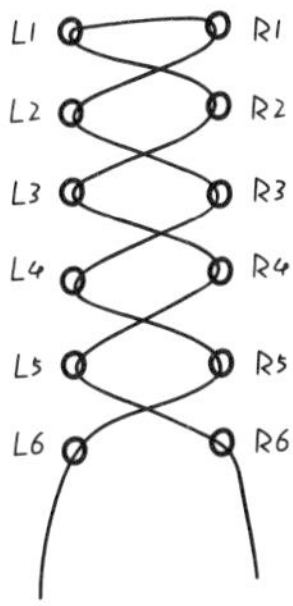

圖 0-7

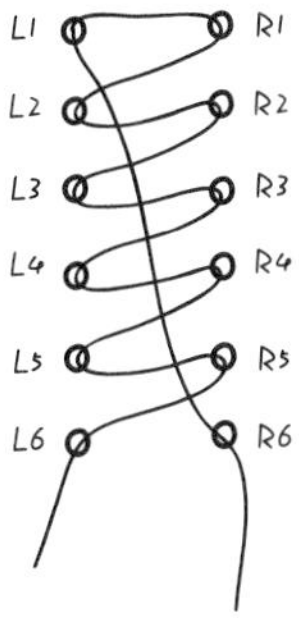

圖 0-8

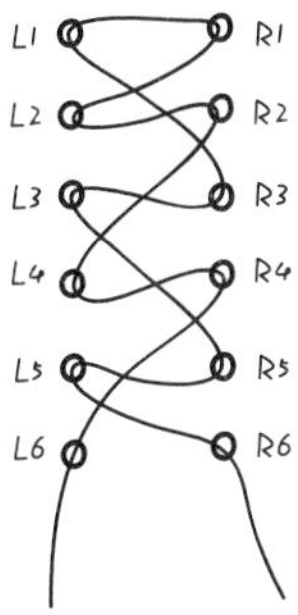

圖 0-9

媽媽認為我手裡捧著鞋，鞋帶穿來穿去的，不好看，也不衛生。爸爸認為，既然我要在那裡穿鞋帶，就穿吧，既沒有鬧著大人，也沒有什麼危險動作。爸爸還補充了一個理由：何況這孩子一直分不清左右，正好多玩會兒，也許就記住了，不再把左右搞混了。

父母二人對我的態度和做法明顯不同。基於爸爸的鼓勵，我又琢磨了兩種鞋帶的穿法，見圖 0-10、0-11。然後我就發現圖 0-11 的穿法，鞋帶不夠長，而圖 0-10 的穿法，用來繫扣的鞋帶就比較長。爸爸提到了綁緊的特點，我也反覆比較，發現圖 0-7 那種穿法是最緊的，但是圖 0-8 的穿法，在脫鞋的時候最容易脫，因為最前面一層帶子一下子就能夠鬆開，而圖 0-7 的穿法，就很難鬆到前面幾層，每次都要一層一層地回抽鞋帶才能鬆開，不方便。當然，最費鞋帶也最不方便的是圖 0-11 的穿法，不過這個穿法，鞋面會鼓起來，很好玩的樣子。

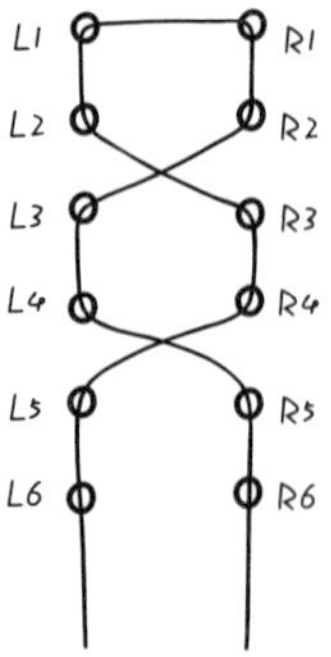

圖 0-10

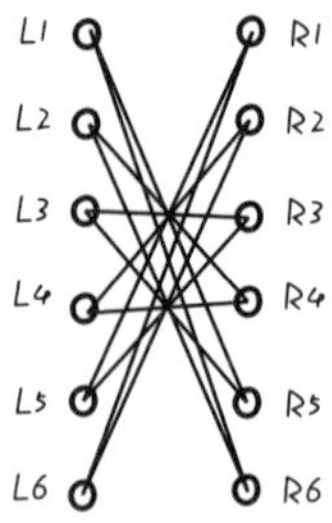

圖 0-11

就穿這麼一條鞋帶，我就走火入魔似的，自己找出來 20 種穿法，有的對稱，有的不對稱，穿來穿去的過程中，我覺得穿孔之間的距離會影響鞋帶的長度，上面的孔直接穿到下面的孔，容易鬆開，不容易繫緊。那一個下午，我琢磨了鞋帶的長度、鬆緊的規律、不同的編織組合方式、穿鞋後的緊實感覺等，這些都是一個人大腦運動的過程。今天的我，發自內心地感謝爸爸，是爸爸允許我自由馳騁在自己腦海中的疆土上，縱容我隨意在自己的思維裡發展。

《孩子不再害怕數學：10 招爸爸輕鬆教的生活數學》絕對不是由像學霸一樣的爸爸給孩子講數學，而是放開孩子思維的約束，陪伴孩子探索，並提供給孩子需要的說明，而不是講題、解題、講知識。爸爸不是學校的老師，爸爸也不會把家裡變成課堂。爸爸教的是思考的方法、思想的意識、思維的形成。不必靠解題，靠的是對生活中任何能引發好奇的現象進行思考。

《孩子不再討厭數學：10 招媽媽輕鬆教的生活數學》是媽媽結合家中日常瑣事中的數學原理，來激發我數學興趣的故事。**媽媽，讓我不再懼怕數學，對數學更有興趣；爸爸，讓我找到了深思數學的方法**，讓我知道從畫圖、列表和不斷的猜測中，也可以學到數學。爸爸鼓勵我擺弄鞋帶，那是現實主義的風格。既然孩子有興趣，就不用考慮是否雅觀。再說，穿個鞋帶，總比玩弄電線強吧？

這本書裡，都是爸爸的影子，他沒有跳出來講什麼大道理，都是面對生活中各種問題時的具體做法，從做法開始，著手培養我實用、有效、實在的能力。這就是我的鞋帶，我的鞋帶中有幾何學，有力學，有計算公式，有數學思維，有我一生的精神源泉。不過是一條鞋帶，穿來穿去，就編織出了我人生的夢想。

這三個橋段你過來了，就見到了這本《孩子不再害怕數學：10 招爸爸輕鬆教的生活數學》。這兩本書好似打通了我大腦的「任督二脈」，讓我頭腦通暢。自由的數學天地間，連乘除法和繫鞋帶都是這麼與眾不同。我是爸爸媽媽的結晶，我的智慧是他們合力的結果，我的數學能力是他們協同努力的創造，我的智力是他們布下的方陣……

開啟這本《孩子不再害怕數學：10 招爸爸輕鬆教的生活數學》，循著規律的脈絡，尋找智慧的索引，帶上思想出發吧……

讀書指南針

感謝您購買這本書，我是孫路弘。正式閱讀前，請讓我先囉嗦幾句：

第一句：書中的日記。那是我童年的記載，源自我的小日記本，其中保留了當時不會寫的字和用過的拼音。日記中的片段勾起了我對過去的回憶，這些回憶讓我更加理解孩子與成人在視野和思維方式上的差異。看日記，就是理解一個孩子的童心。如果你的孩子也是小學三四年級，不妨讓他們看看日記部分，他們也會學著開始寫日記的。我的有些日記是在每一招的開頭，也有一部分穿插在內文中，不妨將它們當做時光機，讓你在我的童年與我的現今之間穿梭一會兒吧。

第二句：測試題。每章結尾還有測試題。測試題就是對讀者的理解能力進行評估。一個章節閱讀結束，內容都理解了嗎？是否存在不理解的地方？這一章節的核心本質到底是什麼，爸爸們能夠完全領會嗎？做一下測試題，就能幫您統整一個章節的梗概與要點。

第三句：QR code（二維碼）。QR code不是文字；雖讀不懂，裡面卻藏了很多的東西。不過，您手裡的智慧型手機能夠解碼。

掃一下 QR code，就能看到了。其中有我的講解，是我本人親自出馬喲！尤其是透過閱讀時碰到不太容易理解的地方，就可以掃一下旁邊的 QR code 召喚我出來。

好了，我囉嗦得夠多的了，閱讀一本書，就是開啟一段文字的旅程，旅途中有我伴隨。歡迎您隨時用 QR code 把我召喚出來，為您解說一段。現在，開始你安靜的閱讀旅程吧……

Contents

目錄

推薦序 ｜

讓孩子喜歡數學，父母的力量不容小覷——楊凱琳 iii

探索數學的真善美，進而擁有美好人生——陳嘉皇 iv

當親子數學故事的主角——梁淑坤 v

總序 ｜ 三個橋段：從媽媽的啟蒙到爸爸的引導 001

讀書指南針 012

引言 ｜ 父親影響我一生的思考習慣 017

第 1 招　音符裡藏著數學規律 019

每個有規律的音符彈出來都是動聽的和絃，在不同的數字組合間來回跳躍，旋律就不斷地變換和流淌。體會到這些，才算真正感受到藝術的表現力、數學的美。數學思維需要準確、靈活和嚴謹，這三個思維層面的耕耘，都來自爸爸。

第 2 招　數字間的故事 037

兒童認知心理學揭示，10 歲左右，孩子開始對一些神祕的事物產生好奇，尤其是有規律的、能夠猜測到的，比如數字的變化。數學思維也是對數字的不斷加工，加工的過程中，很多數字中的規律、訣竅，以及數字之間的關係，就都漸漸熟悉了。

※ 本書中提到的學制是以中國為主，和臺灣情況略有不同，僅供參考！

引言
父親影響我一生的思考習慣

我爸爸 16 歲就參軍了。他說，他是衝著學文化上大學而參軍的。爸爸參軍的時候，僅僅具備小學五年級的文化水準。因為家境貧寒，難以繼續讀書，他只能早早出來找工作，補貼家用，求學之心早就沉澱在心底，結為心結。人，可以為了飽腹去謀求一件事情，也可以為了精神而奮力一搏。我爸爸參軍，為的是求學，聯合軍政大學，聽起來多響亮。

爸爸真的就在軍隊學到了文化。他能夠寫一手漂亮的字，能給首長寫幾千字的發言稿，會拉手風琴，還學會了簡譜，後來又學會了音樂創作。

我的成長中，沒有父親的背影，有的都是正面的嚴肅面容。有思考狀的那種眉頭緊鎖，也有想不明白時的目光焦慮。我與爸爸之間交談的話題不多，這是跟媽媽作比較的結果。媽媽與我交談的話題多數與生活有關，吃喝拉撒睡，以及在幫媽媽做事過程中的指導說明，還有更多有趣的話題，如數樓梯、數步數、數蠶豆等。而爸爸與我交談的話題中，有關生活的內容不多，更多的是做事情的方法、可以採用的工具，還有爸爸親自動手做的過程，以及我主動要求模仿、要求自己來做的過程。比如，沖洗黑白照片、放大相片、暗室製作等。

媽媽激發了我對數學的興趣，讓我生出對數學的那種熱愛和激情。而在爸爸的影響下，我養成了嚴謹的習慣、有條不紊的步驟，而更重要的就是——慢。當爸爸自己也想不出來的時候，他說得最多的是：「睡一覺，明天就想出來了。」或是「做題別急，做不完沒事，做錯了不要緊。」……爸爸這些話滲透給我的就是：悠閒，想就要想透了，再動手。比如，一隻球鞋，穿個鞋帶，我竟琢磨了 3 個小時。

《孩子不再討厭數學：10 招媽媽輕鬆教的生活數學》出版不到一年（編註：指在中國出版時），就收到讀者的熱烈回饋，我共計收到了 2300 多條讀者的提問，有的透過微信群、公眾號，有的透過線下。這些回饋激發我把爸爸對我的影響也寫了出來，就是眼前這本《孩子不再害怕數學：10 招爸爸輕鬆教的生活數學》。

一個家庭是一個國家的細胞，細胞中必須有父母兩個角色。一個孩子要想健康、全面地成長，必須有兩個角色共同賦予其內涵。就是這樣的家庭，塑造出了完整的我。

希望讀者慢慢閱讀，不要匆忙，好書，要在思考中閱讀，而不是看一遍就行了。看不懂就拿紙出來算一算。

願這本書成就你，成就你的家庭，成就你孩子的數學，以及未來……

第 1 招

音符裡藏著數學規律

◎ 學習鋼琴能直接影響孩子對分數的理解。我學習分數的時候，特別喜歡 $\frac{1}{7}$、$\frac{2}{7}$、$\frac{3}{7}$，就是因為能從中找到音階，哼出調子來。

◎ 家庭中，有大量生活細節可以幫助孩子播下各種數學的種子。等到了課堂上，他們一下子就能把新學到的術語詞彙與這些種子連接。

1974 年 7 月 9 日　星期二　　　　　下雨

今天開始放暑假了，在爸爸的辦公室做作業。從今天開始，爸爸教我彈鋼琴，就用他辦公室的這架鋼琴，先是徹爾尼（Czerny）299 的第一首，我的腳搆不著下面的踏板，爸爸說現在用不上。左手比較簡單，就彈 4 個小節，按 4 次，右手太麻煩了。爸爸一直在扳我的手指，最前面的一節要立起來。

1974 年 7 月 10 日　星期三　　　　　小雨

媽媽到辦公室來看我了，我就可以休息一會兒，手都酸了。我們一起玩敲瓶子遊戲，把啤酒瓶裝上水，然後用筷子敲，敲了以後，聲音都是不同的，把 7 個瓶子都裝上不同數量的水，從最少的到最多的，然後再敲，我才發現聲音與鋼琴右手彈出來的差不多，有一些一樣，有一些不一樣。然後，媽媽讓我把不一樣的倒掉一些水，就差不多一樣了，有的是加一些水就差不多了，真好玩。

1974 年 7 月 11 日　星期四　　　　　　　　陰

今天媽媽也彈了 4 個小節，我敲瓶子，後來我彈，她敲。每次我敲的時候都能踩上她彈的點兒。水越多，聲音越低；水越少，聲音越高。爸爸拿回來 3 個瓶子，我們又裝上了水，已經有 10 個瓶子了。

1974 年 7 月 12 日　星期五　　　　　　　　晴

今天做了好多分數的作業，媽媽讓我敲空瓶子，然後跳到水最多的瓶子，然後再敲一半水的瓶子，我才發現水是一半的那個瓶子的聲音正好就是琴鍵上的 Fa（4），就在中間，媽媽說這就是二分之一。

以上摘自我的日記。

直到上了北京師範大學數學系，我才看到《唐老鴨漫遊數學奇境》的動畫片，也才知道古希臘數學家畢達哥拉斯是最早用分數來確定音符的人。撥動一條線上不同比例的地方，就可以聽到不同的聲音，並透過確定比例的數字來標定這個聲音，這樣就可以重複同一個聲音了。

畢達哥拉斯

（Pythagoras，約西元前 570 年～前 495 年）

回顧過去，鋼琴我只學過這一個假期，不到兩個月，後來手風琴倒是學了 4 年。在音樂中，我找到了許多跟數學相通的東西。比 如，Do（1）Re（2）Mi（3）Fa（4）Sol（5）La（6）Si（7）加上升階 Do（14），在鋼琴鍵盤上，這 8 個琴鍵是白色的，還有 5 個黑色的琴鍵，加起來就是 13 個，排列起來就是 5、8、13，恰好是斐波那契數列（編註：或稱黃金分割數列、費式數列）中的一段。

再比如，常用的和絃 Do（1）Mi（3）Sol（5）就是奇數組合，而 Re（2）Fa（4）La（6）就是偶數組合。還有對節拍的熟悉，從熟練到合拍，都能直接同步體會到節奏中的分數和比率。

爸爸輕鬆學兒童心理

波士頓兒童醫院附屬認知神經科學實驗室在過去 15 年的研究中發現，從小學一年級開始接觸音樂的孩子，在數學測試中的表現和對概念的理解，都比沒有接觸過音樂的孩子高出許多。哈佛大學兒童發展研究中心過去 50 年的研究中也得出了相同的結論。

我沒有成為音樂家，不像我父親，他是作曲家，在他那個年代寫出了一些膾炙人口的歌曲。我雖然會拉手風琴，但在生活中也很少會自娛自樂地拉上一段早已熟練自如的《騎兵進行曲》《小放牛》等。音樂對我來說，似乎就是為了完成一個階段的任務，從小學五年級的暑假開始到國二這個階段。與其說是練習手指的靈活性，倒不如說是在腦海中一遍又一遍地重複那些有規律的音符，每個有規律的音符連在一起都是動聽的和絃，在不同的數字組合間來回跳躍，旋律就不斷地變換和流淌，這才讓我真正體會到藝術的表現力、數學的美。

學習鋼琴能夠直接影響孩子對分數的理解。小學五年級開始學習分數，其實是不容易的。

在數學的發展歷史上，分數是從畢達哥拉斯製作弦開始的。

一根弦拉長，繃直，手指劃過，發出聲音。畢達哥拉斯將弦截半，再拉長，繃直，手指劃過，又有一個聲音。然後繼續下去，畢達哥拉斯分別記錄了自己的做法，以及對應的聲音。從此便有更多的人開始探索聲音的不同組合，並嘗試用符號表示，這時，分數的樣子就出來了。

掃描看影片講解

> 小時候，爸爸經常說，記不住公式沒關係，能現場把公式推導出來才是本事；能夠唱出一段歌曲來不稀罕，在鋼琴上找到那段曲子的音符才是本事。

那時，隔壁女高音吊嗓子的時候，我就在這邊的鋼琴上一個鍵一個鍵地找那些音，然後寫下來。學習分數的時候，我特別喜歡$\frac{1}{7}$、$\frac{2}{7}$、$\frac{3}{7}$，就是因為能夠找到音階，嘴裡能夠哼出調子來。

這個過程，根本不是在做題，而是在探索。爸爸實際上帶著我走了一條探索的思維小路。比如：

A：3 ＋ 8 ＝（　）

這是常見的題目，這個題目還有一個形式——

B：11 ＝（　）＋（　）

題目 A，確定的已知資訊，運用規則，得到確定的結論。題目 B，確定的出發點，運用規則，得出不確定的結論。

不同的題目引發出學生大腦的思索方向、路徑都不同。

主要區別有三點：

1. 題目進入大腦後觸發的思維機制不同。
2. 解題涉及的意識範圍不同。
3. 解題後留在孩子頭腦中的結果不同。

稍微複雜一點的題目，你可以看一下。

在中國，這道題是這樣出的：

一個三角形的三邊是 2cm、3cm、4cm，那麼這個三角形的面積是多少？

在英國、美國、澳洲，這題是這麼出的：

一個三角形的三個邊，最長分別可以是 2cm、3cm、4cm，判斷並證明，這個三角形的面積最大限度可能是多少？（A triangle has sides of length at most 2, 3 and 4 respectively. Determine, with proof, the maximum possible area of the triangle.）

兩個題目的出發點不同，抵達的目的地也就不同了。

第一條：思維機制不同。

中國孩子面對這道題時的思維是：構建邊長為2cm、3cm、4cm的三角形，然後設法找到最大邊的垂線的長度，透過運用畢氏定理，進一步運用三角形面積公式，本題迎刃而解。

英國孩子面對本題的思維是：嘗試如何構建一個面積最大的三角形，限制邊長為2cm、3cm、4cm，然後才是運用畢氏定理和三角形面積公式，解出本題。

第二條：意識範圍不同。

中國孩子解答本題的意識局限在三角形面積公式和畢氏定理的運用上。公式、定理運用一次而已。重點是：運用規則，然後強化對規則運用的熟練性。

英國孩子完成本題的意識會涉及多個三角形面積大小的比較，然後才是公式的多次運用，運用的目的涉及判斷和比較。這兩個根植於生活並且經常需要用到的意識，在中國的題目中就沒有體現。在解決問題的過程中，英國孩子透過多種可能性的比較，擴大了思維的範圍。

第三條：結果不同。

中國孩子解出本題後，留在大腦中的內容僅僅是公式和定理的強化記憶而已，結果可能只是對公式的運用更加熟練了。

而英國孩子在解出本題的過程中，他們之間的交流涉及圖形大小的判斷，涉及判斷時需要依據的公式和定理，涉及公式和定理的選擇，以及判斷時的思考方式。其中融合了大量的判斷、嘗試和探索，而不是簡單的規則運用。

類似這樣的例子非常普遍。這道題僅僅是我在輔導中、英、澳等不同國家的孩子參加數學競賽時的點滴感悟。

對大人來說，這個過程叫探索；對孩子來說，就是玩：有組織、有計劃、有步驟地玩。今天回憶往事，我才明白爸爸做的這些具體的事情，都蘊含了參與、體驗和探索的過程。

我坐在鋼琴前的凳子上，爸爸坐在旁邊，嘴裡哼著：丟啊，丟啊，丟手絹。我抬手在鋼琴上找對應的音符，一個一個嘗試，同時嘴裡哼出對應的音符：Sol（5），Mi（3），Sol（5），Mi（3），Sol（5），Mi（3），Re（2），Mi（3），Sol（5）……

我學習樂譜的過程，與多數人不同。多數人都是先認識譜子，知道發音，然後用手指找到鋼琴上對應的那個鍵。我恰好相反，是從聽到的調子中尋找鋼琴上的鍵，來核對聽到的音。這大概就是爸爸的教育給我的大腦留下的一種痕跡，不從公式去操作，而是從操作中自己感受其中蘊含的規律，並漸漸體驗，讓自己對自己發現的規律熟練起來。這種做事和處理事情的方式叫實用主義。

這種思維方式的好處就是不會被現有條件限制。沒有鋼琴？沒關係，用盛有不同數量的水的啤酒瓶，也能夠找到《丟手絹》的曲調，用任何能夠發音的東西，都能夠奏出曲調。

同樣，做加法、做減法，不用去記所謂的「湊十法」（源自小學老師教孩子巧妙處理數學運算的一種方法。比如：3＋5＋7的運算，可以先做3和7的加法，就是10，然後快速心算出答案為15），而是用自己感悟到的「雙手合十法」就可以了。「雙手合十法」是我把自己的雙手當作視覺工具解釋「湊十法」的形象化說法，拿出雙手，一眼看過去就是10根手指，形象、有趣，讓人印象深刻，比來自老師的黑板、來自紙張上的「湊十法」要更有切身感受。

爸爸從事的是樂曲創作，辦公室有各種能夠發出聲音的樂器。其中有一個豎琴，一直立在爸爸辦公室的角落裡。有時我用鋼琴找到《丟手絹》的調子後，又用豎琴去找。長長的一根弦，我從中間開始撥，聽到聲音後，又從這個中點向上撥，聽聲音，再從中點向下撥，再聽聲音。我體會到的是，一半，一半的一半。等到課堂上，老師講分數的時候，我腦海中直接反應出的就是弦的一半，以及一半的一半。

我腦海中是先有了數量被切分的認識，再接觸數學中的說法。而多數同學是沒有整體切分的認識，便直接接觸了分數的說法。

多數同學的這個認識，在認知心理學上叫附著資訊，而我大腦中的那種認識過程是原生資訊的發展，就是先有了一個來自實際的認識，再接觸到抽象的、提煉出來的術語。這時，新的術語便直接在腦海中生了根，因為這個根底下原本就埋下了一顆種子，而新的術語在種子上發芽、發育、發展，便會一直堅實，不會走樣。

實用主義與系統知識進入大腦的次序不同，會影響人對內容的理解程度。從實用主義出發，人的目的性更強。次序顛倒，便難以理解，就只是為公式而公式了。

很多孩子沒有這樣幸運，他們沒有那個根，所以，附著到大腦裡的新術語只能依靠不斷地重複、不斷地練習來強化記憶，而不是靠理解。透過大量的練習，有的孩子能把在大腦中與現實中的事情結合起來，也就生根了。但有的孩子卻難以做到生根，10年後，這些分數的概念就變成了習慣，但並不是真正透徹地理解。不能做到理解，從分數擴展出來的相關術語也就漸漸遺忘了，比如真分數（最簡分數）、假分數、帶分數這些術語，都是無根的，也就遺忘了。根，就是那種實用的目的。

家庭中，有大量生活細節可以幫助孩子播下各種數學的種子。等孩子到了課堂上，一下子就能把新學到的術語詞彙與這些種子連接起來。種子周圍是有土壤的，這片土壤就是周圍的腦神經元，它們能夠讓種子發芽、發育、發展得更好。在我家，**媽媽負責讓我不懼怕數學，同時產生興趣，而爸爸則擴展了我的靈活性。**

數學思維需要準確的理解、靈活的思考以及嚴謹的操作。這三個思維層面的耕耘都來自爸爸。

準確的理解：重要的是次序，必須先有對一個事物的直觀認識，然後才是文字符號。

比如分數 $\frac{1}{2}$，必須先理解這是一個實物的一半，然後才去認識白紙黑字上的 $\frac{1}{2}$。類似的例子出現在我日記中的還有概率即可能性、周長、面積、體積、溫度等。源自現實中可以看到、摸到的都是直觀事物，對這些熟悉後，輪到老師講術語了，一點就通。

感謝我父親沒有那麼多的文化知識，他自己沒有上完小學，就找工作掙錢，養家糊口了。這樣一來，他自己也不懂術語，從小我就是在玩的過程中自己領悟的，包括生活中的數量、數量的變化、數量的關係等，都是出於實用主義的現實。

對比現在很多家庭，父母自身文化水準較高，在家裡給孩子輔導數學時，常常直接使用術語，這必然會導致三個消極後果：

1. 孩子大腦中對直觀事物熟練的時間不夠，擴展不出神經元土壤，種子沒有種到位。
2. 孩子似懂非懂地到了課堂上，聽老師一講，貌似自己知道術語，也就忽視了聽老師的全面解釋，進一步造成殘缺不全的理解。
3. 當遇到不會做的題目或者經常出錯的時候，孩子會陷入兩難的認識，不知道該信老師的，還是該信父母的。

在家中，不要**講解**學校中的數學術語，不要**講解**學校中的數學公式。這是我學習兒童認知心理學後，再結合自己的成長過程、日記中的點滴，得出的結論。

靈活的思考：重要的是方向，以及可能性。

從紙上的音符到琴鍵上的對應位置，是一個思考方向；從聽到的音調到琴鍵上的對應位置，是另外一個思考方向。兩個不同的方向，讓我操縱自己的大腦來去自由。

爸爸說放學來接我，每次的「碰面地點」都是在早晨上學的時候臨時約定，從沒有一個固定的地點。比如說，約定粉樓的轉角處，讓我看一眼，我嘗試記住，放學的時候就走到約定的地方。

這也是一種生活中的靈活性。不要小看這樣的隨機約定，長期下來，大腦總是保持警覺的狀態，全年無休，隨時準備接受指令、解讀指令、記住指令。長期行為變成習慣，養成的就是一種頭腦的靈活性。

如果大人對孩子說，以後就在這個地方接你了，長期不變，大腦就節省了開支，把一類事物變成了下意識的行為，不再進一步調整了。這在很多女孩子的思維表現中非常明顯。

比如，小紅要做20道題，已經做完11道了，還要做多少道？孩子本能地寫：$11 + 9 = 20$，就是不會寫成：$20 - 11 = 9$。這個孩子的媽媽寫信給我，並強調說對孩子解釋了很多遍，要用減法，用減法，沒用，下一次碰到這類題目，還是寫成加法。

原因：加法訓練過度，形成了認知的固定思維。

比如，暑假回來升學了，上八年級了，聽到鈴聲，從樓梯跑進教室，一進門，發現走錯了，還是七年級時的教室。出來後想了一下，才跑去了正確的教室。

爸爸輕鬆學兒童心理

固定思維就是大腦貪圖省力，以後不用特別記憶了，不用想了，成為一種慣性，讓慣性驅動肢體採取行動。加法做得太熟練，熟練到變成了下意識，遇到任何新問題，都習慣用加法解決，大腦固化到了僵硬的程度。

重新想一遍我爸爸的做法是提供多變的形式、多變的方式、多變的方向。這樣，你才會理解，靈活思維的培養不是一日之功，而是日復一日地變化著，大腦習慣了各種變化，才能靈活、警覺，時刻準備著。

操作的嚴謹：重要的是專注。

瞭解樂譜基本知識的人應該都知道，7 個音符為一個音階，其中還有 4 個半音。能夠聽準並找到聲調中的半音是最難的。很多抒情曲中都有較多半音，聽到歌曲，找到每個音對應的鍵，這個訓練動作是爸爸與我常玩的遊戲。我們一遍又一遍地播放李穀一的《鄉戀》，暫停、找音，我做一個，爸爸做一個。這樣來一遍，好玩、有趣、富有挑戰，過程中什麼都學到了，嚴謹地對應準確的音，培養耳朵的敏感度，專注地聽，好像連歌唱過程中一根針掉在地上的聲音都能聽得出來。

後來才體會到小澤征爾最厲害的地方。在指揮貝多芬交響樂《命運》時，到了高潮階段，他突然指揮棒一揮，全體樂隊鴉雀無聲，接著，指揮棒向一個方向指去，那邊一個人站了起來，說：「對不起，指揮先生，我剛才確實控制不住，放了一個屁。」

嚴謹的訓練不是只能透過不斷做題目才能夠實現，還可以透過專注地聽、專注地玩、專注地在乎每一個步驟的安排，比如下棋，這些都是能夠帶來嚴謹思維的過程。

回顧爸爸給我的數學認知，理解的準確性、思維的靈活性、操作的嚴謹性，這三個層面的思維方式是最寶貴的。這些又都是在不知不覺中，透過玩樂、猜測、實踐和參與各種活動而來的。

媽媽，啟發了我對數學的興趣；爸爸，給了我思維的方法。

爸爸來作答

第1題

如果孩子大量做題目，比如短時間內做了很多加減法的題目，這對孩子的大腦思維來說，將出現以下哪種結果：

A：思維更快、更靈活

B：出現懈怠和厭煩的感覺

C：形成思維定型，記住招數

D：更加擅長並熱愛數學

（參考答案請見書末）

第2招

數字間的故事

◎ 孩子的大腦是初期建設的園地，發現一個規律，就如同播下了一顆種子，這顆種子是會生根的。

◎ 老師教的，是以一種方式進入了孩子的大腦；孩子自己悟出來的，叫開竅。開竅就是自己打開了一條路上的門，他會更有動力想要走下去。

1975 年 4 月 7 日　星期一　晴

回家的路上，我和爸爸玩了猜數字遊戲，我想了一個數，爸爸讓我弄得難一點，就想了一個 147，不告訴爸爸，然後，把 147 倒過來，變成了 741，然後要做減法，我自己算出來了，我告訴爸爸第一個數是 5，沒有想到爸爸能夠猜出來最後一個數是 4。

1975 年 6 月 1 日　星期日　晴

今天兒童節，我們去了北海公園。路上，我與爸爸一起數了有 8 站就到公園門口。過橋的時候，上去的臺階有 18 個，下去的臺階有 14 個。我還記得我的學號，爸爸讓我記住學號的最後一位，然後，爸爸帶我玩了一個數字遊戲。我的學號是 18，最後一位就是 8，爸爸讓我乘 2，我乘了，讓我加 5 我加了，讓我乘 50，我想了一會兒，乘好了，然後讓我加 1725，結果就是 2775，然後，爸爸讓我減去我出生的年，1963，得到的數字是 812。第一個數字就是我學號的最後一位，12 就是我的歲數。

以上摘自我的日記。

那一年是兔年，那一年的兒童節，是我記憶中最好玩的兒童節，我記得後來上學給好多同學做了這個遊戲，答案沒有一個例外的。不用告訴我學號的最後一個數字，只要按照我的要求計算就可以了（編註：這是符合當年出的題目，目前並不適用）。

- 第一步：用學號最後一個數字乘以 2，
- 第二步：加 5，
- 第三步：乘以 50，
- 第四步：加上 1725，
- 第五步：減去你的出生年份。

最後，會得到一個三位數，第一位就是你學號的最後一個數字，後面兩位就是你的歲數。

啊哈。

好玩的就是好玩的。同樣，你隨便找一個三位數，也是一樣的。比如 138，前後數字交換，就是 831；然後做一個減法，就是 693；你只要告訴我第一個數字，我就知道最後一個數字。比如，你告訴我第一個數字是 6，最後一個數字一定是 3，中間那個數字一定是 9；如果第一個數字是 4，最後一個數字肯定是 5。不信，你可以自己嘗試，多嘗試幾個。

讀這本書不是看小說，不能光讀不思考。拿出手機，打開計算機，或者就在草稿紙上，按 3 個數字，然後減去前後顛倒的三位元數字，必會得到一個新的三位數。看一下，第一位與第三位的和一定是 9，中間那個數一定是 9，如果你得到的是一個兩位數，比如 132 與 231 的差，那麼，只能是 99。

自己做一遍，才算是真正對這段內容有了認識。然後，也許你願意與孩子一起玩，去感受運算的神奇。

那個階段，我如醉如癡地折騰各種數字。這是我自己小時候的感受，一直印刻在腦海中，一路驅使我走到今天。

學過兒童心理學真好，知道了認知心理學中的核心理論，再看看自己兒時的日記，不能回想出很多細節了，但那些過往經歷，竟然就以這樣的方式印證著心理學揭示的規律。

讓我們細細地回顧一下爸爸與我玩的遊戲，其中涉及了乘法，還有簡單的加法。有一次涉及兩位數的乘法，還要來一次四位數加法，一次四位數減法。這些都是口算的，都是被一個猜測籠罩著、引誘著要去算的。也就是說，對孩子來說，好奇心能夠足足地支撐著他，為了一個懸念，一路口算，不管是乘法，還是四位數加減。更重要的是，會不眠不休地，走路的時候想，睡覺的時候想，吃飯的時候想……我在腦海中做了多少道口算啊。

我在小學六年級下學期時，如同變了一個孩子，老師驚訝於我的口算表現怎麼進步得那麼快。老師可不知道，那是爸爸播下的一顆種子，播下後，他就不管了，可這顆種子在我的腦海中不斷生長、發芽，攔都攔不住，一遍又一遍地口算、心算，我陷入了對神奇、神祕、神靈般的數字運算的著迷。

爸爸輕鬆學兒童心理

兒童認知心理學揭示，10 歲左右，孩子開始對一些神祕的事物產生好奇，尤其是有規律的、能夠猜測到的，比如數字的變化。自己不說，別人就能夠猜到的，對孩子有強烈的吸引力。這絕對比一張試卷中羅列 20 道運算題要有吸引力，這個吸引力能夠推動孩子不斷地自己去嘗試、去驗證，並真的陷入其中，去想啊、想啊，想不出來。然後，找別的小朋友去試驗，來顯示自己的「超能力」，如同數字魔術一樣誘人。

一發不可收拾，我自己琢磨出了很多規律。這就如同你給了孩子一個盒子，任由他自己去打開，打開後，他看到了其中的秘密，又看到了另一個小盒子，然後他繼續研究、探索，打開後，又收穫了一系列養料。那個種子茁壯成長，之後還有小盒子……看看以下被打開的「小盒子」：

1. 任何一個數乘以 2 得到的數字的最後一位數字，必然只能是 0、2、4、6、8 之中的數字。所以，你給我一個數，我只看個位數，就知道能不能被 2 整除。
2. 任何一個數乘以 4，得到的數也有規律，那就是後兩位數字一定是 4 的倍數。反過來，也是一樣，如果一個數的後兩位數字能夠被 4 整除，那麼這個數一定也能被 4 整除。比如 348，最後兩位 48，可以被 4 整除，那麼 348 一定可以被 4 整除；如果是 342，後兩位是 42，不能被 4 整除，那麼 342 就不能被 4 整除。

前作《孩子不再討厭數學：10 招媽媽輕鬆教的生活數學》出版後，很多讀者加了我的微信，留言分享閱讀體驗，其中有以下兩段：

- 娃今天說：媽媽，我發現馬路這邊的門牌號碼都是雙數，那邊的都是單數。
- 還說：媽媽，我發現我們家，我和爸爸都姓鄭，你和外公都姓徐。

類似這種分享，我收到了很多，看到這些留言時，我能夠感受到現場孩子表現出來的興奮，就如同當年我自己的興奮。

爸爸輕鬆學兒童心理

不要以為這樣的發現幼稚，對一個孩子來說，大腦是初期建設的園地，發現一個規律，就如同播下了一顆種子，這顆種子是會生根的。

我發現的規律，實際上小學六年級的老師都會教，但老師教的，是以一種生硬的方式進入了孩子的大腦；孩子自己悟出來的，叫開竅。開竅就是自己打開了一條路上的門，他會更有動力想要走下去。如果是課堂上老師給的，孩子心裡會覺得，那是外來的，是老師教給我的，是早就被發現了的，而自己是弱小的，是無知的，是茫然的，只能依靠老師，不斷地問老師：「還有嗎？還有什麼？」這不是自己驅動自己打開的門、走過的路、探索出的思路。

我自己發現了 2 的倍數、4 的倍數，然後就開始繼續琢磨 3 的倍數。這個過程，讓大腦熟悉了許多數學的術語：倍數、因數、位數、個位、數位和[1]……後來沒有順利發現 3 的倍數的規律，卻發現 5 的倍數最容易懂，任何數乘以 5 以後，都只有兩個可能，個位數不是 0，就是 5。判斷一個數是不是能夠被 5 整除，關鍵就看個位數，如果是 0 或者 5，肯定可以被 5 整除。

然後我就發現，可以利用這些規律「操縱」別人了。比如，讓一個人隨便想一個個位數，讓他把這個數乘以 5，這時，我就知道個位數只能是 0 或者 5；然後，我的指令是加 3，這時，個位的結果只能是 3 或者 8；再命令對方乘以 2，這時，個位就只能是唯一的一個數了，那就是 6；這個時候，只要讓對方加 4，我就控制住了個位數——肯定是 0；最後，讓對方除以 10，這時對方就會非常好奇，我怎麼知道這個數可被 10 整除呢？這讓我覺得自我感覺極好的。

如果不相信，你自己嘗試一下，非常好玩。我羅列清楚步驟，然後，你可以體會到神奇：

- 第一步：讓對方想一個數字，個位數。
- 第二步：命令對方把這個數乘以 5。
- 第三步：讓對方加 3。

---

① 數位和就是任何一個數，各個位元數上的數字之和。比如 243 這個數，2、4 還有 3，這三個數的和，就是 9，這就是數位和。《孩子不再討厭數學：10 招媽媽輕鬆教的生活數學》中介紹的一種快速驗算四則運算題目對錯的方法，就是這個概念。

- 第四步：讓對方乘以 2。
- 第五步：讓對方加 4。
- 第六步：讓對方除以 10。
- 第七步：直接告訴對方，減去 1，就是你剛才想好的那個數。

我後來就讀於北京師範大學，皈依數學系，畢業論文師從曹才翰教授，他是數學教育家，我畢業論文的題目是〈中小學兒童數學認知模式〉。論文中參考了北師大心理學系林崇德教授的著作《兒童心理學》，寫論文的過程中，我得到了北京八中學生、北京實驗二小老師的支持。最終得到的結論是：

一個數學概念有兩種形式，一種是概念本身的操作形式，一種是概念的術語形式。如果學生首先接受的是術語形式，那麼，就需要用大量的練習來鞏固他對這個概念的理解；如果學生首次接觸的是操作形式，那麼，不用大量的練習，他仍然可以透徹地理解和掌握概念。

比如因數，這是一個概念。2 是 6 的因數，這是術語形式。如果孩子有機會自己好奇地去乘以 2，那他漸漸就會發現一個數乘以 2 以後的樣子，以及除以 2 時的情況，也就是從操作意義上理解了因數的含義，這時再讓他接觸因數這個詞彙，這個概念一下子就在腦海中紮根了。

我的媽媽讓我有了對數學的興趣，主要是透過平常的數數、測量、比較，並做記錄，詳情請看《孩子不再討厭數學：10 招媽媽輕鬆教的生活數學》一書。而爸爸讓我習慣了數學的思維方式，就是不用考慮概念和術語，直接操作，比如帶給我各種有誘惑力和神祕感的神奇的數學形式，總是有奇怪的「猜猜猜」的玩法，讓我自己主動地、自動地玩起了因數，弄明白了整除，對數值、個位數、數字和瞭若指掌。等老師教概念術語的時候，我就如魚得水，那個感覺真是得意極了，就好像是我自己發現的一樣，然後再做老師給的題目，沒有什麼能難得倒我的。

這不是做題目的勝利，而是思維的戰役。是爸爸用巧妙的遊戲引領我深入這些數學的概念，不是術語，而是概念的實際表現形式。熟悉形式的過程是激動人心的，帶著快樂和謀劃得逞的感覺，與其他小朋友一起玩的時候，總是能夠創造神奇，這才是爸爸帶給我的天地。

我的日記中記載了一些往事，還有很多沒有寫進來。閱讀 40 年前的日記，把我帶回了那個時候，不是懷舊，而是感激，更多的是驚奇。在我自己當了老師之後，從這些昔日的日記中挖掘出了更多的寶藏，把它們分享給更多的學生。

讓我們重新把三位數玩壞！你隨便想一個三位數，比如137，前後數字交換，就是731；然後做一個減法，得到的是594；繼續將594的前後數字交換，得到的就是495；最後再做一個加法，看看會得到什麼：1089。你只能得到這個數。無論你最初想的三位數是什麼，只要你按照這個步驟，都會得到這個數：

- 第一步：任意一個三位數，
- 第二步：顛倒次序，
- 第三步：大的減去小的，
- 第四步：再顛倒次序，
- 第五步：兩個相加，
- 第六步：得到1089。

我們在與孩子玩的過程中，能夠熟悉以下一系列訣竅：

1. 任何一個數被2整除的規律；
2. 任何一個數被4整除的規律；
3. 任何一個數被5整除的規律；
4. 任何一個數被3整除的規律；
5. 任何一個數被6整除的規律；
6. 任何一個數被9整除的規律；
7. 任何一個數被11整除的規律；
8. 任何一個數被7整除的規律。

掃描看影片講解

讓我們在今天的時代背景下，繼續玩剛才那個學號的遊戲。現在人人都有手機，就用手機號碼的最後一位數字吧，然後開始（設定你閱讀這本書時是 2017 年，就可以按照以下的步驟操作）：

- 第一步：乘以 2，
- 第二步：加 5，
- 第三步：乘以 50，
- 第四步：加 1767，
- 第五步：減去你的出生年份。

好了，你得到一個三位數，第一位就是你手機號碼的最後一位；後兩位數字，就是你（2017 年）的年齡。神奇，總是神奇地降臨。

簡單一點。隨便想好一個數，然後開始：

- 第一步：乘以 2，
- 第二步：加 6，
- 第三步：除以 2，
- 第四步：減去你想好的數。

你現在得到的是 3。試一試，不要緊，如果你覺得神奇，不用想明白背後的原理，放心去玩，陪孩子走路的時候聊一聊，就當是鍛鍊簡單的乘以 2、除以 2 的口算了。然後，每次的結果都是 3。這足夠你與孩子交談數學很長時間了。

我的爸爸沒有教我數學思維，而是陪伴我操作了數學思維，讓我不斷地在腦海中乘以 2、加 5、乘以 50，還有三位數減法、三位數加法，都是在腦海中的操作，沒有浪費紙，也沒有浪費筆，耗費的就是大腦，就是腦海中的神經元。

從小，爸爸媽媽就說我浪費鞋，走路老是踢石子，到小學六年級後，不再踢了，因為沒有工夫閒得無聊了，走路也在想。而且，我還經常測試其他小朋友，每次都是神機妙算的樣子，更被同學起外號「諸葛廟孫」。

原來，數學思維應該是不斷加工數字的過程，加工的時候，很多數字中的規律、訣竅，以及數字之間的關係，都漸漸熟悉了。熟悉後，就是靈活地挪動、自由地轉移、快速地測試。眼前過一輛車，號碼看一眼，啊！這個數好，能夠被 7 整除。那種滿足，不是巧克力能夠相比的。

貫穿我思維發展的是爸爸隨口說的這些神祕的題目，作為數學老師的我，今天已不再覺得神奇。可是，我面對的那些 10 歲大的孩子，一旦開始接觸我的這些奇妙運籌，都會陷入其中。這充分說明，對孩子來說，如果他能夠被這類雕蟲小技吸引，是能夠推動大腦積極地去運算、去思考，從而帶動對概念的操作性理解的。一旦在學校接觸到這類術語，就會有昇華的感受。

爸爸沒有將學校的內容教給我，爸爸是軍人，是文藝兵，拉手風琴是他的專長。他自己努力學習，就是要彌補自己文化水準的不足。在學習樂譜的過程中，他的老師就是拿這些算來算去的題目充實枯燥的行軍路的，一到走累了、走倦了的時候，就用音符在腦海中想這些巧妙的算來算去的旅程，就這樣走過他們行軍的漫長路途。他走了一路，也帶我走了一路；他走過了自己的軍旅文藝生涯，把我推進了數學的天地。

爸爸不該教學校裡教的數學，應該帶動孩子一起玩那些有趣的、有伏筆的、有訣竅的小算術，玩著玩著，我們好像都懂了。至少，我就是那個懂了很多的孩子。

爸爸來作答

第2題

爸爸與我來回進行這種數字的計算，都是在路上的交談，而不是以書面形式。我們不斷測試不同的數字，結果都能預測準確。這種活動多數情況下能激發孩子的好奇心，並進一步影響孩子什麼地方呢？

A：願意寫出來並研究規律
B：願意掌握規律並測試其他小朋友
C：願意學習數學並努力鑽研
D：願意思考並養成習慣
（參考答案請見書末）

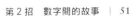

第3招

鑰匙去哪兒了

◎ 很多孩子做題的時候喜歡跳躍步驟，這是思維的瑕疵。如此一來，孩子便不再關注每一個環節和動作本身所帶來的變化和影響了。

◎ 要注重思考，把思考的內容寫下來；要注重環節，一個步驟得出結果後，要重新修正之前的思考。

1975 年 9 月 15 日　星期一　　晴

我的鑰匙又丟了，已經丟了好幾次了。媽媽不高興，我也不高興。我不是故意的，是真的不記得了。媽媽叫我馬上去找，是不是有可能丟在學校了。爸爸叫我不用著急，他畫了一個格子給我，讓我好好想想。

1975 年 9 月 18 日　星期四　　晴

找到鑰匙了，掉到書包裡了，夾在書包底下的縫兒裡。這是爸爸指導的找法。丟的那天，我找過書包，而且把書包都翻了過來，沒有找到。我還找了衣服ㄎㄡˇㄉㄞˋ，還有我的書桌抽屜，都沒有。用了爸爸教的方法，一樣是在書包裡找，就找到了。

以上摘自我的日記。

我的日記中沒有畫出那個表格，但那個表格印刻在我的記憶中，是永恆的、磨滅不去的，它是長這樣的，如表 3-1 所示。

表 3-1　鑰匙在哪裡

可能在	 書包裡	 衣服口袋裡	 抽屜裡
可能性（%）	70	20	10

這個表格顯示了我當時猜測的三個地方。爸爸告訴我不要急著去找，而是先想。把想的事情寫下來：可能在書包裡，可能在衣服口袋裡，可能在書桌抽屜裡。先這樣列一個表格，然後自己想想過去的情況。

媽媽說，我一年丟一次鑰匙，剛開學就丟鑰匙，就是長不大。爸爸說，長大不是個子長得高，而是想的事情多；想的事情多是要看寫出來的，就是寫成這個表格的樣子。

回想過去找到鑰匙的地方，就只有這三個，最有可能的是在書包裡。出門時，媽媽總是習慣將鑰匙塞到我的書包裡，上小學三年級後，我就不掛鑰匙鏈了，掛在脖子上挺傻的，媽媽就把鑰匙塞到我的書包裡。我到家開門後，有時會順手把鑰匙揣到衣服口袋裡，有時會先到我的書桌那裡，然後把鑰匙放到抽屜裡。

反正，我覺得鑰匙在書包裡的可能性最大。爸爸教我的是，可能性必須是 100 之內，三個可能性加起來必須是 100。前頁的表格就是我給的可能性分數。可能性的分數越高，就越有可能在那個地方。

列出表格後，再動手尋找，當然，先找書包。實際上，我已經把書包翻遍了，書本都拿出來了，鉛筆盒也拿出來了，都沒有看到鑰匙。我開始翻衣服，衣服被媽媽放到一個大盆裡了，是要洗的。爸爸說，別著急去翻衣服，想想看，書包裡都找遍了嗎？然後，把自己腦海中想的事情寫出來，如果可能，就清楚地列出表格。接著，爸爸示範那個表格給我看。

> 這是我童年時期學到的最重要的課程，那就是採取任何行動前，先要充分思考。爸爸是這麼要求我的。

爸爸和媽媽不同，他們倆下棋，總是爸爸贏，我一直覺得爸爸一定是比媽媽聰明。實際上，並不是因為聰不聰明，而是做事的方法不同——一個是行動在先，一個是思維在先。所以，下棋的時候，媽媽總是想悔棋，爸爸從來沒有嘗試過悔棋。找鑰匙的事情中，媽媽讓我立刻去找，結果還是找不到，爸爸就讓我想徹底了再行動。

爸爸輕鬆學兒童心理

兒童發展心理學中有一個重要的變化階段，就是從 9 歲到 12 歲這段時期。孩子不再是以行動的方式模仿周邊世界了，比如走路、跑步、踢球、爬樹，都是以觸覺行為先導，孩子從行動中體會到與外界事物之間的互動，並學到互動的方式、作用的方式，以及外界事物反應的規律。到了 9 歲以後，孩子開始透過視覺學習，也就是透過文字的形式來探索外界，那麼，形式就要改變，不是先行動，而是先書寫，把要採取的行動寫下來，或者把採取過的行動寫下來。

寫日記就是很好的例子。這樣做便符合這個階段的大腦發育節奏。兒童心理學中特別指出，大腦形成的過程有四個階段：

- 第一階段：接受運動性資訊，並模仿。
- 第二階段：接受規律性資訊，並自我解釋。

- 第三階段：接受結構性資訊，即課本上的知識，並嘗試使用。
- 第四階段：加工一切資訊，並形成見解。

9歲開始進入第三階段，會一直延續發育到18歲。這個時期，重要的做法就是訓練孩子使用文字，描述看到的事情。**寫出自己的行動，並嘗試用文字的形式把所想的事情寫出來，看到寫的字時，大腦還會再想過一遍，也就是初級加工。**

我找了書包沒有找到，打算去翻衣服口袋的時候，爸爸說，等一下，然後問我，如果在書包裡，你找了，找到的可能性是多大。啊，學過認知心理學、從事教師工作的我，在回顧這樣的關鍵對話時，簡直就是找到了寶藏。這個問題一下子打開了我思維的表層：如果鑰匙在書包裡，我找了，也有找不到的可能。對啊，是的，比如找的過程太草率，找的過程中被一本五顏六色的書吸引了，都有可能啊。不過，我還是比較細心的，如果真的就在書包裡，還是找到的可能性大。

爸爸繼續追問我，可能性大是什麼意思？我說了個數字，60，也就是說可能性是60%。那麼，鑰匙在書包裡，找不到的可能性就是40%。這個時候，那層思維的表層就被撬開了，找過一遍以後，鑰匙仍然在書包裡的可能性還是存在的：

- 鑰匙在書包裡的可能性是 70%；
- 我沒有找到的可能性是 40%；
- 那麼找過一遍，鑰匙仍然在書包裡的可能性就是 28%（70%×40%），意思是說，我有 40% 的可能沒有找到有 70% 可能存在的東西。

到這裡為止，就呈現了一節學校中從來沒有教過的重要操作實踐課。每採取一個動作後，都有這個動作導致的結果，這個結果影響著整個事情的最終結果。找書包這個動作，對找到鑰匙這整件事情的最終結果是有影響的，那麼，找書包這個動作的結果，也應該被當作一個因素記錄下來，並納入到下一步的行動中作為參考。

爸爸輕鬆學兒童心理

很多孩子在做題的時候喜歡跳躍步驟，覺得步驟已經非常熟悉了，於是列出一個算式，然後省略了中間四、五個環節，就跳出結果了。其實，這是思維的瑕疵，是老師、父母過度追求速度、追求結果、強化練習速算的後果，這樣，孩子便不再關注每一個環節、動作本身帶來的對事情的變化和影響了。

找鑰匙這件事，奠定了我日後做事細心的風格。做題要一遍做對，不追求快，而是追求做過的題一定是對的，每道題都有具體的步驟。爸爸的行為給我的印象太深刻了，找了一遍書包，沒有找到，這是一個環節的結果，這個結果同樣影響下一步的行為。

找過一遍，鑰匙仍然在書包裡的可能性是 28%。當時還沒有找衣服口袋，也沒有找抽屜，那麼，鑰匙在衣服口袋中的可能性仍然是 20%，在抽屜裡的可能性仍然是 10%。要把三種可能性的總和變成 100%，這是一個放大的過程，這個過程當時我不會，是爸爸幫我完成的，當然，對於今天的我來說，那是易如反掌了。

三個可能性分別是 28%、20%、10%，同比例放大為三個數，使總和為 100%，放大的方式是，三個數相加，即 28 ＋ 20 ＋ 10，總和是 58，按照 28÷58 的比例放大 28，得到 48.28，意思就是，28 佔 58 的 48.28%；然後按照 20÷58 的比例放大 20，得到 34.48；按照 10÷58 的比例放大 10，得到 17.24。重新整理的格子就是這樣的了，見表 3-2 所示①。

---

① 除法除不盡，四捨五入，保留小數點後兩位。

表 3-2　第二次找鑰匙在哪裡

可能在	 書包裡	 衣服口袋裡	 抽屜裡
可能性（%）	48.28	34.48	17.24

現在是不是有點明白了？第二次尋找不該去找衣服口袋和書桌抽屜，還是要在書包裡再找一遍。這次找得更加徹底一些，如果還是沒有找到，那麼，疏忽的可能性下降到 10% 以下，這時：

- 鑰匙仍然在書包中的可能性是 48.28%；
- 因疏忽而沒有找到的可能性不到 10%；
- 那麼，找過兩遍，鑰匙仍然在書包裡的可能性就不到 5%（48.28%×10%）了。

掃描看影片講解

然後，才應該尋找下一個可能的地方。

讓我們都回歸到自己的實際生活中去思考一下。比如，你找不到自己的手機了，你推測了一下，在書房的可能性最大，在廚房的可能性第二，在臥室的可能性第三。這樣的想法都是一閃而過的，然後，採取行動，先找了最大可能性的書房，沒有找到；繼續行動，找了第二大可能性的廚房，也沒有找到；然後立刻尋找臥室，還是沒有找到。最後，你冷靜了一下，重新去書房找，果然，讓你找到了。

以上是很現實的情況，多數人都是這樣的。我爸爸給我的大腦植入了不同的模式，後來影響了我一生。與眾不同的思考模式，才會導向與眾不同的思考結果，也必然會出現與眾不同的行為。人與人之間的境遇不同，本質上都是行為不同導致的。行為的不同，本質上又是思維的不同導致的。比如，尋找鑰匙這件事，爸爸留給我的就是注重思考，把思考的內容寫下來；注重環節，一個環節得出結果後，要重新修訂之前的思考。

讓我們再回顧總結一下。鑰匙找不到了，最有可能在書包裡，媽媽催促我趕緊去找；爸爸說不著急，想一下可能在哪裡，然後寫下來，列出表格，根據表格中可能性最大的地方去找。找了卻沒有找到，不要接著行動，而是把這個環節的結果當作重要資訊，重新輸入思考的過程，重新評估最初的判斷，再根據判斷來付諸行動。這是一套完整的思維理性化過程：寫成書面形式→階段性輸入→再次評估→再次決策→付諸行動。

我是在這樣的環境中長大的，長大以後，也就特別反感什麼都沒有想好就立刻行動的人。這種人行動之後，要不就後悔，要不就得意忘形。**就算失敗，沒有可以檢討的步驟；就算成功，也不知道成功的真正原因，導致根本無法複製**。這樣的思維習慣也就導致我行動慢，但只要出手，必達目標。

我的人生職業是顧問，能夠冷靜、理性、客觀、儘量全面地收集資訊，書寫下來，然後慎重地得出結論，並重視第一步落實後的情況，根據反饋重新評估最初的決策，進行優化調整。我對自己的人生職業非常滿意，過眼雲煙般地看到很多企業號召執行、落實、行動力，這些都是簡單的體力勞動模式，卻不能應對複雜的商業模式，也無法適應多變的時代、多變的信息。

對人的一生最重要的，其實都來自少年時期思維模式的薰陶，我爸爸能夠塑造出我，我也成功地塑造了我兒子。我們同樣都是理性、冷靜地評估後再行動的人。

爸爸輕鬆學兒童心理

兒童發展心理學的特點是兒童的身體發育規律、心理發展規律、精神形成規律以及智力成長的階段規律。兒童認知心理學強調的是認識事物、熟悉事物、掌握事物、操作事物的過程。

在家裡，爸爸與媽媽的分工是自然形成的。媽媽負責的是操作性的，帶領我玩的都是動手的內容，摘四季豆、包餃子、擺放餃子、數樓梯臺階數等。爸爸給我的更多的是規律化、模式化的東西。媽媽落實了發展心理學的內容，輔助成長；爸爸落實了認知心理學的內容，就是動腦的過程、用腦的方式，從寫日記到找鑰匙時的列表格，都是思想的輸出方式，透過輸出強化自己再次加工，並按照每個環節的結果，對原始思維進行修正。

從事數學教學工作不僅讓我回味並感激自己成長過程中的那些細節，也讓我從自己教的學生身上，多次看到欠缺數學思維的表現。

我們用驚嘆號表示一種運算的方式。比如，3! 的意思就是 1×2×3，那麼，8! 就是 1×2×3×4×5×6×7×8。請找出下面這個算式結果的個位數是多少：2017! − 2016! ＋ 2015! − 2014! ＋ 2013! − 2012!…− 6! ＋ 5! − 4! ＋ 3! − 2! ＋ 1!

很多孩子遇到這道題時，就是空下來，完全沒有思路。

這個情況表現的就是大腦跳躍。跳躍到答案上，想知道答案，卻沒有思路。我輔導學生時，最重要的做法是，第一步：先把題目的意思說出來，並寫下來。像我爸爸要求我的那樣，不要著急找到鑰匙，而是做好第一步，想好可能在哪裡。

有的學生開始做第一步，把1！寫出來。原題都告訴你了，這個步驟會不會？多數學生都會！為什麼不做？因為腦海中跳躍到如果都這麼做，是算不完的。可是，誰說讓你算完了？不要小看這個思路，這是戰勝一切難題的起點，無論你做過還是沒做過，都無所謂，一道題，肯定能讓你弄懂題目的意思，肯定會有下手的點。比如，1！做出來，是多少。然後把2！做出來，寫出來。繼續寫3！，然後4！，繼續5！、6！，都寫出來。

數學思維是一種踏實的、一次一小步的風格，「嚴謹」這個詞，就是用在這裡的。如果你認真、嚴肅、踏實，就是不在乎要用多長時間，我能夠做一個就先做一個，結果呢？規律就蹦蹦跳跳地跑到你的眼前，急於告訴你，我在這兒呢！我在這兒呢！看啊，這是答案，我就在這裡。

- 第一步：把想的事情寫下來。
- 第二步：哪怕想的是一件小事，也寫下來，然後繼續。
- 第三步：每完成一個步驟，都重新看一下最初的想法。

常見的數學思維缺陷是：這道題沒有講過，沒有思路，索性就放棄了。缺陷是被結果嚇住了，看不出結果，要找的東西完全不知道在哪裡，索性就放棄你能夠做的事情。比如，至少可以把題目中已理解的部分寫出來，寫出來以後，事情就如同洋蔥一樣，皮掉了，露出來一部分；然後繼續剝一點，就露出來更多的部分。

這才是正常的思維。人類能夠走到今天的文明程度，都是每一代的人累積出來的，一步一腳印，對每個人遇到的每道題、每件事，都是一樣。

> 如果每個孩子的成功都需要一把鑰匙，你就需要知道這把鑰匙在哪裡。一個人是否能取得人生的成就，至少要到 30 歲才能夠有一個感覺。那就不要計較 10 歲的時候考試成績如何，應該計較的是做過的題目是否真正懂了，這是鑰匙。每個題目的解出過程是不是都有嚴謹的步驟，每一個步驟是不是都能夠揭示出資訊，這些資訊是否能夠進一步與最初的想法核對上。這些才是鑰匙。

家庭生活中，媽媽與我在一起的時間多，爸爸與我在一起的時間少。媽媽更多的是吃喝拉撒睡的管理，在《孩子不再討厭數學：10 招媽媽輕鬆教的生活數學》中揭示了我媽媽擅長的事情，那就是激發我的興趣，培養我的好奇心，提示我關注周圍的數字。爸爸說的那些數字都不是生活中的，卻都需要花很長的時間去想。

森林裡的動物們要開會，時間到了，發現大象沒到。猴子說，天氣太熱，大象到冰箱裡去了。斑馬說，我去叫吧。兔子說，第一步，打開冰箱門。斑馬說，知道了。

大象終於來了，會也開完了。長頸鹿問，冰箱裡舒服嗎？大象說，挺舒服的。斑馬說，好，我幫你進冰箱吧。兔子問：第一步是什麼？

爸爸來作答

第3題

採取行動後沒有達到效果，並不是立刻換一個方式再行動，而是先進行反思。這是一個重要的思維方式，具備這種思維方式的人在生活和工作中多數會有以下哪種表現？

A：工作積極努力

B：充分想過了再落實於行動

C：不斷嘗試，直到獲得成功

D：積極讀書，寫讀書筆記

（參考答案請見書末）

第4招

數學思維開竅的過程

◎ 老師、家長講給孩子聽，孩子能夠懂，卻不是自己的認識；不是自己的認識，終究會被遺忘掉的。只有讓孩子自己想透徹，他才會真正明白。

◎ 持續想就啟動了大腦的思索，神經元之間開始進行各種可能的連接，不斷嘗試多種情況、多種組合方式的連接。

1974年10月6日　星期天　　晴

小鄭叔叔要教我游泳，水特別冷，清水河有一條船，很小，一次只能坐兩個人。小鄭叔叔問我，幾次可以到對岸？一次就可以了。小鄭叔叔說，現在有一個高年級的學生，還有我，我們3個人要過河，需要幾次？兩次。小鄭叔叔說，我還有一個籃子，籃子裡是好吃的，叔叔不看著我，我就會自己吃了。小船坐一個人，帶籃子，就不能再坐一個人；坐人，就不能帶籃子，要過幾次？3次。叔叔說，如果一邊留下我，還有高年級學生，高年級學生就會欺負我的。這樣，要過幾次？我想不出來了。

1974年10月18日　星期五　　晴

爸爸也沒有想出來過河要幾次。爸爸說，不能去問小鄭叔叔，要自己想。爸爸讓我在地上畫圖，還帶我去了清水河，那條船真的太小了。一個人划，只能多坐一個小孩。而且，多帶東西的話，東西重一點，船就要沉了。

以上摘自我的日記。

看到這段時間前後的日記，當時的情景都湧現在眼前。那是在河南省淮陽縣曹河鄉，當時廣播事業局的五七幹校基地，從1974年的10月開始，我父親帶我去了那裡，一直到1975年1月回到北京，4個月都在那裡。原因就是我太淘氣。那時弟弟才4歲，媽媽一個人帶不了我們兩個，父親便帶著我去。

那裡只有兩個小孩，連隊指定小鄭叔叔平時管著我們。小鄭叔叔是裡頭的技術人員，與爸爸同在二連。二連營地旁有一條河，叫清水河，小鄭叔叔想教我游泳，我一直不敢，中間休息的時候，他就跟我說過河的故事。

叔叔不在的時候，高年級的孩子會欺負我；叔叔不在，我也會把籃子裡好吃的食物提前吃掉。叔叔要帶我們過河，這條小船只能滿足叔叔一個人帶一個學生，或者帶一個籃子。要過幾次，才能夠平安無事地都過去呢？

題目就是這麼簡單，卻糾纏了我 3 個月。12 月的某一天，河面都結冰了，我總算把這個過河的問題解決掉。是我自己想出來的。

第一次過河，叔叔帶我過，籃子帶不上，就留在岸邊，還留下高年級學生。然後，叔叔一個人駕船回來，帶上高年級學生過河，這是第二次。過來後，再把我帶回去。第三次，把我留在岸邊，帶上籃子過河，把籃子留在對岸，然後再駕船回來。最後就是第四次，帶上我過去，平安無事。我、高年級學生，還有籃子，都完成了過河的任務。

我日記裡說過三次，那樣的話，不是我吃掉了籃子裡的東西，就是高年級學生欺負了我，都不行。最重要的一次，就是把高年級學生帶過河後，再把我帶回來。這樣，就避免了我與高年級學生單獨留在岸邊的情況。

具體步驟如下：

- 第一步：河北岸到南岸——叔叔帶我過去，
- 第二步：河南岸到北岸——叔叔自己回來，
- 第三步：河北岸到南岸——叔叔帶高年級學生過去，

- 第四步：河南岸到北岸——叔叔帶上我回去，
- 第五步：河北岸到南岸——叔叔帶上籃子過去，
- 第六步：河南岸到北岸——叔叔自己回來，
- 第七步：河北岸到南岸——叔叔再帶上我過去。

長大後，我被北京師範大學錄取，主修數學。在數學系，我見到了小鄭叔叔過河這個傷腦筋題目的原題：

> 一個馬戲團的人，帶了一匹狼、一隻羊，還有一籃子生菜，要去一個村莊演出。途中遇到一條河，沒有橋，有一條小船。人划船過河，每次只能帶一籃生菜，或者一匹狼，或者一隻羊，不能同時帶上兩樣。那麼，幾次才能夠過河？

其中，相互牽制的關係就是人不在現場的時候，狼會吃掉羊，或者羊會吃掉生菜。過河要安全，被吃掉了，就沒法演出了。

當初，小鄭叔叔給我講這道題的時候，是高年級學生、我，還有好吃的食物。過河這事兒，讓我想了快三個月。一個困難的問題，能夠讓當時還是孩子的我想了那麼長時間，有三個原因：第一是，爸爸也不會，而小鄭叔叔又經常不在二連，他還要到一連去陪另外一個孩子；第二是，二連旁邊就是那條清水河，每天都看見河上有船來往，總讓我聯想到這道題；第三是，那時，五七幹校裡沒有小學，我整天就是在連裡東跑西跑的，沒有作業可做，有的是時間讓我胡思亂想。

北京師範大學是培養老師的地方，數學系學生不僅要學習數學知識，還要學習認知心理學、兒童心理學等很多心理學方面的知識。那時，我學到了一個現象，那就是「著迷」。

後來有更多的研究將其歸類到上癮機制研究的範疇了。這些研究的核心就是人對一個事物著迷的現象，尤其是在童年時期，有沒有陷入一件讓其著迷的事情之中。著迷的表現，就是每天都想接觸這件事，別人看起來枯燥乏味，孩子自己卻投入其中，樂在其中。比如，一些孩子著迷樂高積木，有的孩子還著迷火車頭、拼圖等。

爸爸輕鬆學兒童心理

著迷現象背後的大腦原理由三個環節構成：

- 第一個是吸引力，通常都是依靠視覺建立起來的。
- 第二個是好奇，通常都是從這個事物的多變性、可控多變性中建立起來的。
- 第三個是嘗試，體驗各種變化，主動嘗試不同的組合、不同的順序。

以上這三條，可以讓孩子在相當長的時間裡不厭其煩地從事那件事情。在這個長時間的過程中，大腦皮層會漸漸出現三個變化：

- 第一個，神經元之間建立了更加廣泛的連接。
- 第二個，髓鞘發育加快，變粗、變長，對神經元的支撐以及「燃料」的供應更加充分。
- 第三個，大腦整體同時活躍的區域範圍加大。

以上三個變化都是 21 世紀以來，腦神經科學研究領域的新發現。當初學習心理學時，這些都仍然是猜想，後來都逐一被驗證了。

用通俗的話來講，著迷是開竅的前奏。開竅是說一個孩子一下子明白了以前困擾著他，讓他不懂的事情，而一旦明白了，就瞬間明白了好多事情，並徹底弄懂了，能夠推演，能夠使用，能夠自如結合各種不同場景的不同情況。這就是開竅。

孩子在學習數學的過程中，都有類似的情況。上課時，認真聽課，老師講的內容都懂了，也能夠把公式、定理講出來。可一做題目，卻總是出錯。這種現象在女孩身上經常出現。男孩的情況比較多的是，要嘛上課不認真聽講，做作業趕時間，匆忙完成後，再也不看；要嘛就是，認真聽講了，可要讓他自己說時，那些公式、原理、定理說得都不對，做題時當然會做錯。

出現上述情況的核心原因是教學方法不符合兒童這個年齡階

段的認知，沒有給孩子足夠的時間去習慣，大腦沒有時間醞釀，蠶寶寶的繭是被強行剪開的，它們還沒有變成蛾呢，當然不會飛了。

在五七幹校的 4 個月，讓我有了足夠的時間去孵化，大腦皮層在不斷地醞釀，一個過河的問題纏繞了我 100 天啊，多麼著迷，天天一看到清水河，腦子裡就想：不會游泳，要過河，需要船，要過幾次、幾次……我爸爸說 3 次，我說不行，可是，我又不知道幾次可以。我猜是 4 次，可是又說不出每一次的具體過程來。

謝天謝地，我爸爸不知道答案。他不是假裝的，他是真的不知道。等我會了，講給他聽，第二天，他又忘記了。爸爸不會，便正好給了我的大腦延續好奇的機會，我開始在腦中自己變化次序，改變各種過程。我現在當然知道了，在那 100 天裡，我的大腦皮層發育、發展得非常快啊，那個時候，我想吃肉，也能吃肉，豬肉餡的餃子，一次吃 72 個，走路都不敢低頭，怕吐出來。

當數學老師以後，我遇過一些學生家長，他們都很有文化，甚至是高學歷的，特別喜歡在家輔導自己的孩子，我一看學生交的作業，就知道這是家長輔導過的。這種輔導都是表面上的，孩子表面上會做了，但他們對題意、原理、公式的理解僅僅是表層的，兩個月後，就不記得了，或者混淆了。

人的身體長大，需要時間。大腦的智力開竅，同樣需要的是時間的累積。

爸爸輕鬆學兒童心理

兒童認知心理學研究指出，大腦思考一件事情有快有慢。思考得快的事情，留下的痕跡淺，除非不斷重複，否則很快就會遺忘，這是遺忘曲線揭示的道理。思考得慢的事情，就是自己總在想的事情，這就啟動了大腦的思索，神經元之間開始進行各種可能的連接，不斷嘗試多種情況、多種不同組合方式的連接。

思維就這樣被打開了，尤其是題目以過河為目的，還需要考慮到回來的情況，以及避免意外的發生，要在多條件下實現過河的目的。過河這個題目最難的一個突破點，就是帶過去的東西還能再帶回來，為的是避免老師不在的時候，我被高年級學生欺負，或者我吃掉籃子裡的東西。回來，看起來不符合過河的目的——都過去了，還回來，說不通。但這就是那個「竅」，就是這個方向性的徹底變化，只要想通了，就一下子全通了。

比如，想出題目的解法實際上並不難，難的是理解並考慮到其中的關係，就是狼吃羊，羊吃菜，這就是限定的條件。條件會成為一種約束前提，有了這個前提，在做事情的時候就不只是一心想著要達到目的，還要想到總有約束的力量存在。這樣就能認識到，人在達到目的的過程中，一定會有約束條件，必須要符合約束條件才能完成任務。

這個收穫，只有讓孩子自己想這種題目想上 3 個月，才會真正明白。老師、家長講給孩子聽，孩子能夠懂，卻不是自己的認知。不是自己的認知，終究是會被遺忘的。

40 多年過去了。今天，當我看到日記中的支字片語時，那時期的事情都浮現了出來。那個階段在我大腦皮層中留下的痕跡是多麼深啊。

後來，再遇到類似過河的思考題，就都難不倒我了。我在童年時期的那個階段，遇到過的過河問題還有這三個。

請掃描 QR code，觀看詳細解釋。

掃描看影片講解

一家有 4 口人，父母帶著一對兒女。他們遇到一條河，沒有橋，只有一條船，這條船一次只能乘坐一個大人，或者兩個孩子。全家要多少次才能夠過河，並將船還給漁夫？

6 隻猴子過河，3 隻大猴子，3 隻小猴子。一條船隻能容納 2 隻猴子，任何情況下，都不能讓大猴子的數量比小猴子的數量多。那麼，需要在河上來回多少次，才可以完成過河的任務？

3 個大人與 1 隻大猴子、2 隻小猴子一起趕路，遇到一條河，只有大人和大猴子會划船。這條船隻能容納 2 個大人，或者 2 隻猴子，任何一個場合，猴子的數量都不能比人的數量多，可以相等，但不能多，不然大人就會被猴子襲擊了。那麼，需要在河上來回多少次才能全部過河？

想通的過程中，有一個關鍵的環節，那就是畫圖。小鄭叔叔沒有回來的時候，爸爸也會帶我去河邊，看著船，我們一起畫圖，河邊的地上潮濕，用樹枝就能夠畫出來。可惜，我的日記中沒有畫下那時的圖，不過我的腦海中至今還記得那幅圖的樣子，請看下頁。

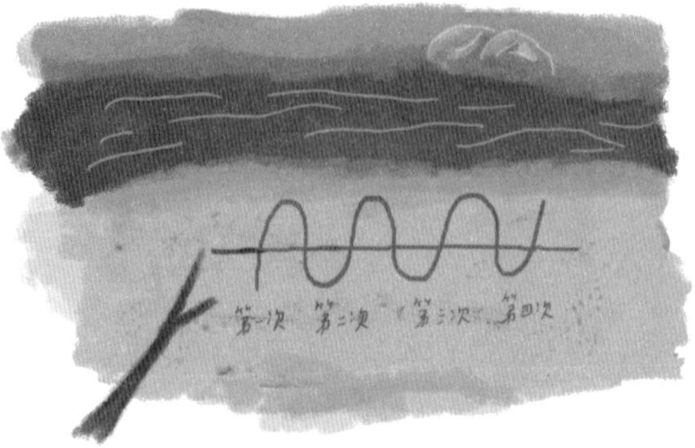

圖 4-1

透過圖，能夠很直觀地看出，不能把我和籃子同時留在一邊，也不能把高年級學生與我單獨留在一邊。這時，就不得不想出一個辦法，那就是先回去一個，也就是第二次，老師帶上高年級學生過來後，再把我帶回去；然後，留我一個人在那邊，再帶上籃子過去，把籃子留給高年級學生；最後，再回來帶我一次，就完成了。

長大後，才學會一個詞，叫「退一步進兩步」。退回來，是為了安全，為了布局，為了統籌。

其中最重要的是圖形，圖形能讓人一目了然，題目中蘊含的邏輯制約關係，在圖上很容易看出來。這樣，在想辦法的時候，就只有一個思路，那就是回程。沒有圖形的時候，只能在腦海裡想，有時候想不到這個情況，有時候想不到那個情況，顧此失彼。

畫圖這個方法，最先是爸爸開始用的，他先是用手指比畫，之後就用樹枝在地上畫，畫了好幾個圖。我看著他畫的圖一次又一次地數，一下子就開竅了。

我是一個觸覺主導型的孩子。任何一個孩子在成長過程中，都會有一個主導的學習模式，不是觸覺型，就是聽覺型，或者視覺型。多數孩子靠視覺學習，就是看老師在黑板上講課，或者記筆記，是視覺主導的學習。

多數男孩子在 10 歲以前，都是觸覺主導的，讓孩子在教室裡坐好，只能透過看、透過聽來學習，非常彆扭。所以，他們就會扭來扭去，坐不穩，這都是觸覺主導型的特點。

幸好這一階段我沒有上學，都是在野地裡玩，這個過程充分符合了我以觸覺學習為主導的特點。比如，用樹枝在地上畫圖，就是用手拿著樹枝，透過用力把腦子裡想的事情畫出來，然後利用視覺去看，將圖映射到大腦中，形成一個真實的過程。這個過程全面開啟了大腦視、聽、觸三覺系統的協調。一個難題，用上三個感覺器官，就如同用到了大腦對應的三個區域來思考問題，題目也就一下子解開了，讓人有種豁然開朗的感覺。那時還不會這個成語，卻體會到了這個成語描述的感覺。

我自己當老師後，非常重視學生學習過程中表現出來的學習主導類型，並嘗試發揮孩子自己原本最具優勢的主導類型。如果是觸覺型的孩子，就鼓勵他在手腳亂動的時候想問題，鼓勵他疊紙，或手裡可以拿積木邊玩邊學等等。同時，孩子自己能夠協調觸覺對視覺的補充，以及對聽覺的加工。有關孩子學習的三種類型，請期待《數學老師教的數學》一書，裡面會有詳細的介紹。

一個人數學思維的醞釀過程有三個核心的特點，一是要慢，二是要用圖形，三是要持續想。

第一個，沒有做出來的時候，我的爸爸沒有催過我，他給了我足夠的時間，允許我慢。請問你允許你的孩子慢一點嗎？思維的發育過程，要是快了，就不牢固。知道了這點，你還會催孩子嗎？

第二個，爸爸給我畫了圖，我跟著模仿著畫，看圖的過程打開瞭解題目的鎖扣，所以思路一下子就通了。

第三個，好在我每天都能看到河，激發我持續地想，碰巧我爸爸也不太會做。也可能正是因為他不會做，才不催我；也正是因為他不會做，他才畫圖。一切都是巧合的安排。有時候我覺得，爸爸教給我的數學，其實就是自然而然，靠時間來釀造，靠圖形來發酵。大腦皮層形成的回路來自視覺、來自觸覺、來自聽覺。當時，我自言自語的都是：「哦，我知道了，要回來一次。」

爸爸們，你允許孩子有一時想不出來的題目嗎？你能夠忍住不急於替孩子開啟智慧的大門嗎？你能夠示範給孩子你的思考過程嗎？你能夠畫圖嗎？你能夠將解題的詳細過程都畫出來嗎？

爸爸來作答

第4題

著迷是一種心理現象，有些人有體會，有些人卻從未體會過。著迷是由心理學中的上癮機制影響而形成的。對尚處於成長期的兒童來說，著迷能夠促進什麼呢？

A：思考問題的嚴謹性

B：遇到問題的靈活性

C：寫作業的整齊性

D：對問題容易產生好奇並引發興趣

（參考答案請見書末）

第5招

畫圖是重要的解題方法

◎ 兒童心理學中講，孩子幫父母做事，最初的想法就是嘗試自己是否有能力做成這件事。如果不給孩子自己嘗試的機會，那麼很多事情他們都得不到機會練習。

◎ 有興趣的學習與被動想學好的學習完全是兩種不同的學習方式。我能將興趣轉化為習慣、落實成具體的做法，是來自父親的薰陶。

1975 年 1 月 9 日　星期四　雪

小鄭叔叔說，如果他是我的年齡，那麼，我還要等 11 年才出生，讓我猜他的年齡。我猜出來了，他 35 歲了。我現在 12 歲，要是 11 年後我再出生，還要長到 12 歲，那時，就過去 23 年了，小鄭叔叔從 12 歲開始過 23 年，不就是 35 歲嗎？我是他的年齡的時候，他就 58 歲了。我從 12 歲長到 35 歲，要過 23 年，他從 35 歲過 23 年，就是 58 歲了。我告訴爸爸，小鄭叔叔 35 歲了，爸爸聽不懂我說什麼。

1975 年 1 月 11 日　星期六　晴

我有一個弟弟在北京，他 5 歲了。小鄭叔叔說，他老家也有一對兄弟，人們碰上兄弟倆，都好奇地問：你們相差多少歲啊？這時，總是哥哥先說：我弟弟要是我的年齡，我就 19 歲了。弟弟聽到了，就搶著說：我哥哥要是我的年齡，我才 1 歲呢。那麼，這兩個兄弟相差多少歲呢？我不會，問爸爸，爸爸也不會。

以上摘自我的日記。

我在五七幹校的時間並不長，就 4 個月。每星期，小鄭叔叔都來我們所在的二連三次，其他的時間，他都在一連那邊。每次過來，他都帶我玩，天冷的時候，我們就坐在麥場上，靠著麥堆曬太陽。小鄭叔叔不斷地說些這樣的題目給我聽，然後，我就猜。猜不到，就只能自己想。小鄭叔叔總是說，想不出來就去問爸爸。可是從日記來看，我爸爸也不會。

爸爸不會，是我能猜到的，不過我還是願意與爸爸一起討論。我心裡更多時候不是期待爸爸能夠幫我解出來，而是我能自己解出來，然後講給爸爸聽，爸爸聽明白了，我心裡更得意。所以，跟爸爸講那些小鄭叔叔說給我聽的小題目、小故事，就是想讓爸爸為我高興。

實際上，從後來的交談中，我得到更多的是啟發，尤其是那種思路上的啟發。這個歲數差的題目，照樣是爸爸不會的，可是，爸爸又特別想做出來，於是，他就採用他最拿手的方式——畫圖。這次，他畫了一個圖，我看著他的圖一畫完，立刻就知道了答案。請看圖 5-1。

圖 5-1

我一下子就看到了有三個段，每一個段都是從哥哥的年齡到弟弟的年齡之間的。然後我馬上就懂了，如果哥哥向過去的方向活，弟弟也向過去的方向活，那麼，弟弟就是 1 歲；如果弟弟加快活，活到哥哥的歲數時，哥哥就是 19 歲。那麼，這其中的三段，應該都是一樣長的，1 到 19 之間，三個一樣長的段，一段就是 6 啊。哥哥與弟弟的年齡差就是 6 歲。

我看懂了，講給爸爸聽，爸爸好像也懂了。

爸爸輕鬆學兒童心理

兒童心理學中有不少類似的研究方向，就是孩子幫父母做事，最初的想法就是嘗試自己是不是有能力做成這件事情。比如，孩子其實最初是希望自己動手吃飯的，如果父母總是餵，不給孩子自己嘗試的機會，那麼，手接觸食物→手指拿住食物→將食物送到嘴邊→配合張開嘴→咬住食物等一系列的動作都得不到機會練習。當然，胃部的飽腹感，也就是作為動物的生命體而產生的進食快感，就不能與自己的行為結合起來，也就失去了自己嘗試行動的努力。

如果初步的連結得到建立，孩子第二個將會發展出來的想法，就是能夠做到與父母做到的一樣。如果第二步也得以實現，那麼大腦皮層的系列生化過程就會鞏固其所作所為，並在左側前額葉形成回路，這是大腦負責快樂以及未來規劃的區域。

這一階段的效果被大腦固化後，就進入到了第三個階段，就是取悅與討好，希望得到父母的正面認同，並讚許其所作所為。這時，大腦強化了得到讚許的過程。

對我來說，「讚許」就是爸爸聽懂了，這比他會做，進而講給我聽，對我的幫助要大得多。這能夠強化、激發、鞏固我之前的思考過程，讓我認識到自己的思考有效果。能夠想出來，而不是被動地等著別人講給我聽，反而促進了我講給別人聽的能力。

把題目講給爸爸，與他討論，然後我想出來後，還要再給他講解，讓他聽懂。等到第二個星期小鄭叔叔來了，還要講給小鄭叔叔聽。

看起來，這是一個挺奇怪的情況，我爸爸不會做這些題目，卻能夠激發我與他探討，原因是我的內心驅動著我要贏他。而解題思路，以及具體的畫圖方法，卻是源自爸爸的思考方式。

> 如果兄弟倆，一個 5 歲，一個 12 歲呢？原來那道題是兄弟倆差 6 歲，哥哥是 13 歲，弟弟 7 歲。現在爸爸說，還有一對兄弟，弟弟 5 歲，哥哥 12 歲，那麼，哥哥要是弟弟這個年齡的時候，弟弟應該多大呢？

今天想起這些時，讓我感到更加不可思議的是，爸爸好像聽懂了我的解法，然後居然問了我這麼一道題。

這回輪到我暈了，不過沒事，我知道爸爸的拿手方法——畫圖！於是我畫了這麼一個圖，如圖 5-2 所示。

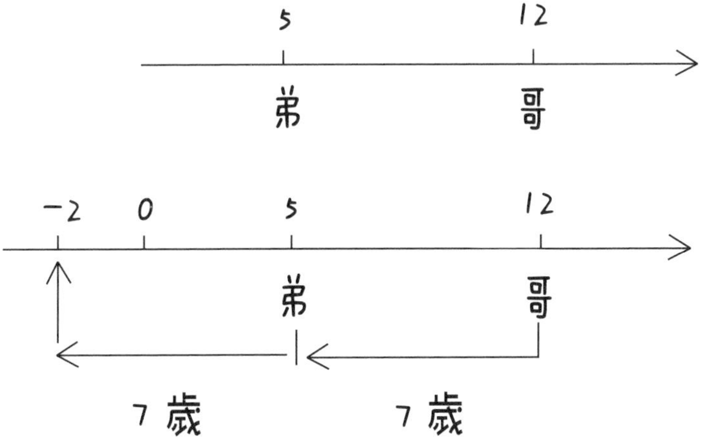

圖 5-2

爸爸看了這個圖，說應該是對的。然後，我問爸爸，那如果我是你現在的歲數，你多大了呢？

我 12 歲的那些時光，很多日子都是這樣度過的。回憶這些往事，再結合我受過的教育，尤其是被當作老師來培養的過程中上過的那些課程，讓我漸漸明白，當初我對數學的興趣來自於長時間的想，長時間有人一起討論，長時間嘗試並能夠透過努力達成目標。

爸爸輕鬆學兒童心理

這就是腦神經科學揭示出來的如願、如期、如意三個階段。這三個階段非常扎實地鞏固了大腦皮層對數學題目和需要動腦筋的事情的極大興趣，並讓我有強烈的欲望去征服這樣的題目。也就讓我有更多的時間去思考，哪怕題目解出來了，還是想模仿爸爸的方式，換一個數字試一試，換一個情況想一想。結果，腦海中就一遍又一遍地重複題目，並進一步變化題目，從而使大腦更加靈活，今後在接受任何事物時都會去設想多種可能性，都能夠創造出多種方法去解決問題。

我當老師後，教過上萬名學生，有小學生，也有成年人，我教過的課程有數學、教育心理學，也有市場行銷。見到過那麼多學生，自然對學生有更多的感覺：哪些學生的學習方式比較僵化，哪些學生的頭腦比較靈活，哪些是發自內心真正有興趣的，哪些是在吃力地學習並努力聽話一路緊緊跟隨的，一目了然。

有興趣的學習與被動想學好的學習完全是兩種不同的學習方式。我對數學的最初興趣來自我的媽媽，具體可以翻看《孩子不再討厭數學：10招媽媽輕鬆教的生活數學》一書。而鞏固了興趣，並將興趣轉化為習慣，最終落實成具體的做法，比如畫圖，卻是來自我父親的薰陶。

興趣的表現，就是願意花更多的時間消磨在一件事情上。爸爸的陪伴，參與思考，以及用他的方式去想並示範給我，這些至少都讓我有可模仿的樣子。每次我成功地破解一道動腦筋的題目後，爸爸肯定會變化其中的數字，這就等於又變了一道題，我們倆重新一起再想一遍，這一遍就容易多了。

然後，就聽到爸爸開始自言自語地嘟囔，我聽到更多的是這樣的話：「『弟弟要是我的年齡，我就 19 歲了』，這句話的意思原來就是年齡差相等。」實際上，這句話已經點出了破解這道題的關鍵環節，也是最初想這道題時，想不出來的難點。頭腦中難以想像出我是弟弟的年齡的時候，我的年齡的變化，以及同時間的弟弟年齡的變化，其本質就是大腦對兩個數量同時變化的認識。是不是懂了？歲數的標誌就是年齡，年齡是可以按照年份的數量變化的，而哥哥與弟弟之間的年齡差距是固定的，每過一年，哥哥和弟弟的年齡都變了，而差距卻是不變的。

這種事後總結的習慣，也在我成年後的工作中鮮明地體現了出來，仔細思考一下，源頭還是父親。

父親讓我有機會模仿，並透過模仿，能夠如願地解開一道題目、如願地開竅，這當然讓我高興，而同時也就鞏固了模仿到的行為。這樣的行為有三個：

- 第一個，遇到題目要畫圖；
- 第二個，解開後回顧當初卡住的地方，總結心得；
- 第三個，變化題目，演變形式，再玩一次。

現在的家庭中，更多的情況是父親在家不帶孩子。這造成孩子在成長的過程中，無論從心靈、精神上，還是智力的發育過程中，都缺乏父親的參與。沒有父親的參與，就沒有父親的榜樣可以模仿，孩子學不到更多的行為習慣。

孩子從媽媽身上可以感受到快樂、安全、興趣，這非常好。媽媽的工作是負責孩子的身體健康，幫助孩子養成良好的衛生習慣，這更多的是瑣碎的事情；然而，孩子從媽媽身上是看不到，更無法模仿到諸如冷靜、沉著、理性、方法、招數、做法、回顧等這些智慧元素的核心活躍因數的。

人的智慧由陰陽兩套系統交織互動而成。一套就是感性系統，屬陰，發端於右腦；一套是理性系統，屬陽，發端於左腦。一套是媽媽擅長培養的；而另一套，只有爸爸來操作更合適。

我知道我的爸爸小學都沒有上完就出外謀生，補貼家裡的生活，他不到 16 歲就參軍了，文化程度並不高。可是，他沒有間斷過學習，自己學會了拉手風琴，後來又到中央音樂學院進修樂曲創作，自己學會了簡譜，到了 40 多歲，又開始攻克五線譜。爸爸是一生求學的，80 歲的人了，還會去學習互聯網，懂得在網上購物、交友、聊天。這些其實都源自人生始發的動力，那就是要滿足已經開發好了的、動力強大的大腦。大腦要消化更多的資訊，尤其是知識，有些是文化，有些是習俗，有些是常識。

就如同孩子小的時候，吃大米或者麵食，吃得多，撐大了胃，這一生便都是大食量。小的時候，如果讓孩子的大腦不斷地思考，不斷地從中獲得快樂，他的腦容量也就不斷隨之加大；那麼日後，他必然就習慣於主動去思考事情。在這樣的鍛鍊之下，他加工資訊的速度就會快，而且能夠同時處理的信息量也大。

> 父親的作用非常大，尤其是在孩子 9 歲以後，這時，來自媽媽的溫情和安全感都已經建立了，恰好是需要擴展更多學習技能、養成良好學習習慣的時候。

恰好是這個時候，爸爸帶我來了五七幹校，沒有學校可上，每天玩也就玩出來了。我習得了來自父親的優良習慣，不少技能都是從他具體做事情中看到、聽到，進而自己模仿學會的。騎自行車、游泳都是在五七幹校學會的。生存的技能體現在行為上，而思考的能力，則體現在腦海中折騰的這些年齡問題上。那時，小鄭叔叔還給我出了以下類似的題目，都是有關歲數的：

1. 你出生的時候，我的年齡就是你現在的年齡。你現在 22 歲了，我多大？
2. 5 年前，小明的年齡是 8 年後他年齡的一半。小明現在多大了？
3. 10 年後，小紅的年齡是她現在的 3 倍。小紅現在多大了？
4. 小強的年齡是小冰的兩倍，小冰比小東大 5 歲，5 年後，小強就是小紅年齡的 3 倍。小強現在多大了？

……

把每道題都解出正確的答案並不重要，重要的是推動孩子思維能力的發展，而不是求出最終答案上。

即使父母會做，也要儘量克制自己想讓孩子儘快知道正確答案的衝動，同時要克制讓孩子知道你已經會了的衝動。如果孩子知道你已經會了，那當然希望你直接講給他聽，這是捷徑，是省事的方式，任何人、任何正常的大腦都喜歡省事。只有眼前沒路，也沒人知道路在哪裡時，人才會啟動自己的大腦去嘗試尋找路。

如果父母不會做，就要強烈克制自己表現出來想放棄的想法。你可以明確地讓孩子知道你不會做，同時要讓孩子知道，你沒有放棄，你仍然在嘗試不同的方法，仍然在努力，在做題、在思考，也就是還在想。要畫圖，要用紙、用筆，要沉思。這些要讓孩子看到。

遇到類似動腦筋的題目時，家長要觀察孩子是不是有興趣，是不是願意思考，思考不出來時，多長時間會放棄。

這時，父母可以做的事情是：讓孩子講給自己聽，表示出強烈想要參與的樣子（A）；講的過程中，自己邊聽邊核實聽到的內容，邊在紙上記錄要點（B）。

然後，自己在紙上記錄關鍵字，在數量資訊之間進行連線，表示你在思考（C）；同時，要自言自語地將自己的思考過程表示出來（D），但不要讓孩子覺得你是講給他聽的，而是要讓孩子覺得，那是你自己一邊想一邊自言自語的自然動作（E）。

儘量不要做出來，你可以在自言自語大約 5 分鐘左右後確認情況，只要孩子還有興趣，就繼續；要是觀察到孩子不在聽了，也不看你的紙了，就放棄。等到當天晚一些時候，再拿出這張紙，繼續回顧。這一次，你可嘗試說出正確的答案（F），看孩子是否能夠跟上你的思路。

以上父母的這些動作，才是真正牽引孩子走上思考的數學小路的做法，每個做法都有科學的依據。

A：讓孩子講給父母聽，實際目的是讓孩子將自己的思路進行整理，尤其是對題目的原意進行整理。

B：自己學習做筆記的過程，這是示範，孩子將來也能夠得到啟發，會主動模仿你的行為，這就是在薰陶正確的學習方法。

C：示範正確的思考方式，在紙上連接、嘗試、強化重點詞彙等動作，都會讓孩子得到薰陶，有一天，他們能夠學會，並將其運用到自己的解題過程中。

D：自言自語，其實是展示思路。孩子要是知道是講給他聽的，心裡就會有負擔，就要扮演聽懂的樣子。而父母自言自語，孩子就沒有了要表現聽懂的負擔，就能最大化地吸收父母自言自語過程中的關鍵資訊。

E：自然動作才是真實的，也才是孩子願意模仿的。所有主動去教的動作，如果孩子看不到大人做，他就會認為，那僅是對我的要求，也就懶得自己去做。

F：不能表現出自己知道正確答案，而是嘗試說出正確答案，這樣做的目的是繼續推動孩子去思考。如果孩子先確認了這就是答案，他會非常高興，這也是對孩子的真正激勵，是孩子自己內心的激勵。不要剝奪孩子自己嘗試的快樂。

以上題目，如果你仍然在嘗試，並想瞭解詳細的講解方式及做題方法，請掃描 QR code。

掃描看影片講解

爸爸來作答

第5題

好圖勝過千言萬語，透過圖形來表示事物間的關係，就能讓人透過眼睛、憑藉視覺系統加深對事物的理解。爸爸鼓勵我畫圖，並積極參與我的畫圖行為，自己也嘗試去畫，這影響了我：

A：能夠在腦海中形成圖形，做題更快

B：能夠透徹理解應用題，正確解題

C：遇到難題的時候反應更快，靠記憶力

D：遇到難題的時候用畫圖來解決

（參考答案請見書末）

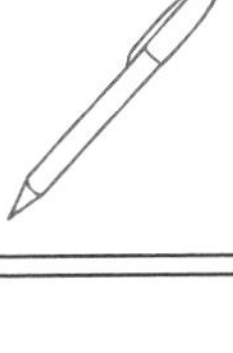

第6招

天平兩端的數學

◎ 認知科學強調，親身實踐會映射到大腦，並上升為腦力勞動，就不用再透過觸摸和視覺認知，直接在腦海中進行加工了。

◎ 本質上，這些題目與水桶沒有關係，與砝碼沒有關係，與貨幣沒有關係，都是數字之間的匹配，等式兩邊的平衡，加減乘除的調整而已。

1974年10月23日　星期四　　　　　　晴

爸爸今天配了3公斤的豬食，給好幾隻公豬吃。有兩個桶子，一個是能夠配8公斤的，一個是能配5公斤的。爸爸把豬食從大桶倒到小桶裡，大桶裡剩下的就是3公斤的。

1974年10月26日　星期天　　　　　　晴

小鄭叔叔又來了，他說，有一個5公斤的瓶子，還有一個3公斤的瓶子，讓我想辦法配出1公斤的水來。先倒滿小瓶子的3公斤的水，然後倒入5公斤的瓶子，再倒滿小瓶子，把小瓶子裡的水倒入大瓶子，直到倒不進了，剩在小瓶子裡的水就是1公斤。

以上摘自我的日記。

當年的日記寫得很少，一篇只有幾十個字，卻能讓我想起當時的很多情況。比如，小鄭叔叔還讓我配出 4 公斤的水，我也配出來了，然後他就帶我去了連裡的醫務室，那裡有一個天平，是用來稱量藥劑的。小鄭叔叔找出兩個砝碼，一個 3 克，一個 5 克，我們玩了一下午，把醫務室裡的藥都稱了一遍。如今留在我腦海中揮之不去的就是用多種重量配比的方式，將所有藥丸、藥片都測量出來了。後來，小鄭叔叔收起了 3 克的砝碼，拿出了一個 7 克的。於是我手裡就有一個 5 克的砝碼和一個 7 克的砝碼。

可惜，我與爸爸在河南五七幹校的時間只有 4 個月。在後來的日記中，沒有找到更多藥房稱重的事情了，僅有一次提到小鄭叔叔給了我一把藥房的鑰匙，我可以自己去那裡玩。結果我找到很多砝碼，都是 5 克和 7 克的，再也沒有找到 3 克的。

我憑藉腦海中模糊不清的殘缺片段，將稱重的整個過程回顧了一下，記憶最深的還是留在大腦深處的那些計算過程以及天平兩邊的配重方式。

比如，將 5 克和 7 克的砝碼放到一邊，讓天平平衡，另外一邊的藥丸就是 12 克。如果一邊放 7 克砝碼，另外一邊放 5 克砝碼再加 2 顆藥丸能夠讓天平平衡，那麼，那 2 顆藥丸就是 2 克重。

如果一邊是兩個 5 克的砝碼，一邊是 7 克砝碼加上藥丸，那麼藥丸就是 3 克重。如圖 6-1 所示。

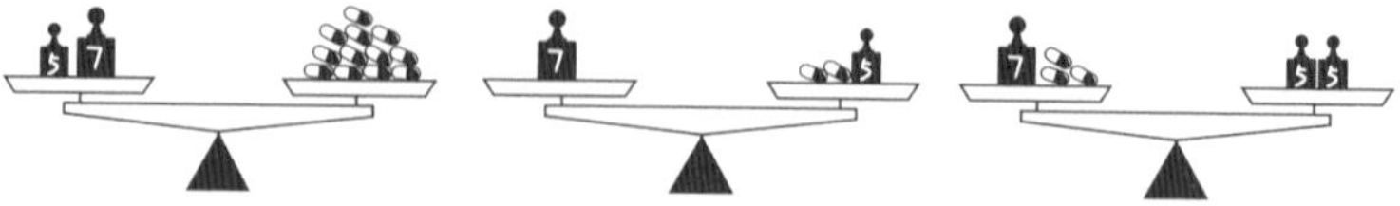

圖 6-1

以上使天平獲得平衡的過程，實際上不就是等式嗎？

比如：

- 5 ＋ 7 ＝ 12（左邊是兩個砝碼，右邊就是藥丸的分量。）
- 7 ＝ 5 ＋ 2（左邊是 7 克的砝碼，右邊是 5 克的砝碼和 2 克重的藥丸。）
- 7 ＋ 3 ＝ 5 ＋ 5（左邊是 7 克的砝碼和 3 克重的藥丸，右邊是兩個 5 克的砝碼。）
- 4 ＋ 5 ＋ 5 ＝ 7 ＋ 7（左邊是 4 克重的藥丸和兩個 5 克的砝碼，右邊是兩個 7 克的砝碼。）

像這樣不斷地玩，看起來玩的是天平，實際上是透過不斷地配比和調整讓天平平衡，從而在腦海中建立等式。等式是一個抽象的數學概念，這個概念最初就來自天平。天平是用來稱重的，一邊是已知的標準重量，在這裡就是砝碼，5 克或 7 克，而另外一邊則是需要測量的物體的重量。透過添加不同分量的砝碼，來算出物體的重量。用手調整天平就是在腦海中建立等式。我後來看到數學等式的時候，一下子就想到天平，因為玩的時間夠多，多到不用眼睛看，僅憑在腦海中想，那些場景都能活靈活現地重現出來，以至於當我碰到以下題目時，與其他沒有玩過天平配比的孩子表現都不一樣：

$$7 + ? = 16$$

沒有玩過用天平配比重量的孩子需要一個逆向的思維，他們已經習慣了兩個數相加等於一個結果，而現在是知道一個結果，要求算出其中一個數，就是要讓思維在中間停一下。對於玩過太多用天平配比重量的我來說，這個題目小菜一碟，跟配比天平是一樣的：有一個 7 克的砝碼，還有一個 16 克的重物，要讓天平平衡，就需要一個 9 克的砝碼或重物。不但如此，我還能夠靈活自如地寫出無數個變化多樣的等式來，這對我來說，不過就是配比了無數次天平而已，如圖 6-2 所示。

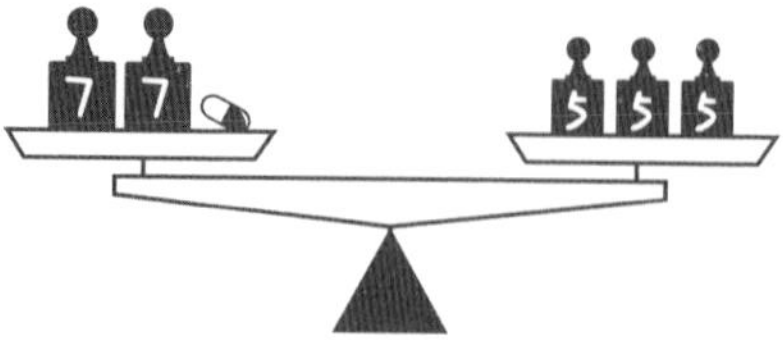

$1 + 7 + 7 = 5 + 5 + 5$

圖 6-2

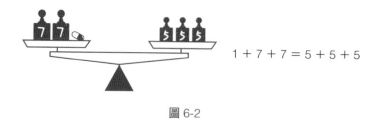

這樣，我就能夠用 7 克和 5 克的砝碼配比出 1 克重的藥丸了。等式是：

$$1 + 2 \times 7 = 3 \times 5$$

如果醫生開出來的藥方需要配比 1 克、2 克、3 克、4 克以及任意克數的藥丸，僅靠手裡現有的 5 克和 7 克的砝碼就全都可以配比出來。如圖 6-3 所示。

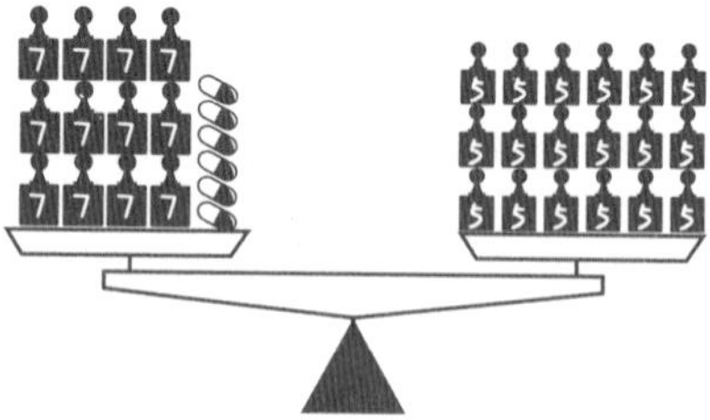

$6 + 12 \times 7 = 18 \times 5$

圖 6-3

這樣就有 6 克的藥丸了。

爸爸帶我在五七幹校一共待了 4 個月，這 4 個月裡，靠著兩顆砝碼我就玩盡了各種藥片、藥粉、藥丸的重量配比。最後，不用進醫務室，我在腦海中就開始不由自主地想：如果手裡的砝碼是 8 克和 21 克的，我怎麼配出 1 克的藥呢？答案是：

$$1 + 3\times21 = 8\times8$$

如今，年過 50 的我再回憶起 40 年前的事情，那些場景雖然不能連貫起來，可是那些計算過的等式仍然歷歷在目：那個天平、那兩個小砝碼，還有那些寫在報紙空白處的等式。

爸爸輕鬆學兒童心理

我的母校北京師範大學是培養教師的地方，我畢業於數學系。在那裡，我不僅要學習數學，還要學習兒童認知心理學，這讓我瞭解了兒童學習數學的不同階段，以及掌握數學知識的思維過程，讓我知道不是老師講一遍，然後讓學生做些同類的習題，就算是教育了！教育是要開啟學生的大腦，讓學生學會思考，學會使用大腦的理解力、創造力，而不僅是記憶力和模仿能力。

孩子大腦中的鏡像神經元群組讓他們有能力模仿看到的臉部表情和肢體動作，也能夠模仿看到的字詞和等式，在記憶力的輔助下，他們也能夠模仿變化細微的做題過程。然而，模仿不是學會，而僅僅是機械地重複，是簡單勞動的過程。

配比不同克重的藥、不同重量的水，確實都需要身體行為的參與，有具體的肢體動作，需要耗費能量。但在這一過程中，人會思考，配比 2 克與 17 克的重物，雖然身體動作上是相同的，但在腦力動作上卻是完全不同的。這個過程就是認知心理學上講的，從觸覺到視覺都參與了知覺意識，然後意識開始形成，形成的意識經過整理，得出一個途徑來解決眼前的問題。於是有了思考，形成了思維，並將其燒錄下來，變成永久的思維方式。由此還衍生出更多的意識，都是大腦加工的結果。

比如，天平的使用過程加工出等式，不斷地在兩邊進行配比，就逐漸形成一個認識：等式不是只能從左邊到右邊這一個方向，也可以從右邊到左邊，是雙向的。一邊增加，另外一邊也要增加同樣的重量，天平才能平衡；反過來也是對的，天平平衡，兩邊的重量一定相等。

以上這些內容，小學三至五年級的許多數學題都會涉及。數學教育不能僅讓孩子記住紙上的公式操作，還應該讓他們結合自己動手參與的活動，透過活動，能夠自己將其聯繫到實際中。這樣，書本中、紙上的等式、加減乘除等，就都是活生生的了，而不是做題、做題再做題。

做題目僅能培養出應對試題的自動反應，卻完全沒有結合現實生活中的實際運用。

我的爸爸並不是教育方面的行家，作為一名軍人，他很現實。聽到炮彈在空中飛行的呼嘯聲，他本能的反應不是回憶起教官在課堂上講的方向、速度、爆炸點的計算，而是趴到地上找掩體，再看，聽呼嘯聲的痕跡。

爸爸從來沒有檢查過我的數學作業，大多數都是由我媽媽檢查的。媽媽檢查後，也不會直接給我講做錯的題，而是從生活中的其他地方入手講故事，或者讓我參與一件事情，比如剝四季豆，然後在做事的過程中讓我清點，讓我動腦，詳情參考《孩子不再討厭數學：10 招媽媽輕鬆教的生活數學》。這時，爸爸總是一邊說，老師的題不會做，沒事，但家裡的事情要弄清楚。長大以後，就沒有那麼多題目做了，有的卻是生活的挑戰。多麼實用的出發點，這是一種思考習慣。

爸爸沒有具體教過我什麼，我看到的都是他的行為，聽到的都是他講的道理。他自己的數學，論成績並不怎麼行。家裡的財務帳都是媽媽算的。有一次，他譜寫的樂曲需要計算時長，還是媽媽在旁邊計時，然後告訴他結果。

用 8 公斤和 5 公斤的桶配出 3 公斤的水，配出 2 公斤的水，配出 1 公斤的水，配出 4 公斤的水，配出 6 公斤的水，配出任意公斤的水。

手裡只有2元和5元的錢，要配出13元，怎麼配？配出19元，怎麼配？

這些類似的題目，都要靠背後的思維靈活性來支撐。

認知科學中強調，親身的實踐會映射到大腦，並上升為腦力勞動，就不用再透過觸摸和視覺認知，直接在腦海中進行加工了。本質上，這些題目與桶子沒有關係，與砝碼沒有關係，與貨幣沒有關係，都是數字之間的匹配，等式兩邊的權衡，加減乘除的調整而已。

我當數學老師後，開過小學數學競賽輔導班，那是在 1985 年。那時，我從挑選出的學生中發現了一個數學潛能的表現：發呆超過 10 分鐘，就是潛能。能夠聚焦一件事情想很久，說明三個大腦中的情況：

- 第一，神經元可以被控制調用在一個焦點上。
- 第二，具備抽象加工事物的感覺。
- 第三，嘗試形成一個規律性的認識。

透過我的日記，我看到自己小時候就有這種情況。發呆、犯傻或者問出愚蠢的問題來，能夠問出來的，都是自己想了一段時間的，還有很多沒有想出來的，比如低燒是不是低於正常體溫。

爸爸帶我到五七幹校，接觸到了小鄭叔叔，讓我有了機會玩，有了足夠的時間發呆，坐在河邊，坐在天平旁，還有看爸爸配豬食的過程，看爸爸燒鍋爐的過程，以及爸爸教我設下陷阱，框住麻雀的過程，都來自爸爸的行為示範。不急、放慢速度，可以慢慢想，而不是匆匆做。一個問題可以想上一個月，而不是讓小鄭叔叔立刻給我講解明白，立刻講清答案。

這個題目是剛到五七幹校的時候，小鄭叔叔出的，等我玩會了天平，這道題就簡單多了。不過就是兩個砝碼，一個 7 克，一個 9 克，如何配比出 10 克的問題；或者從 1 克開始，配比一個 4 克的問題，只不過是透過前後跳躍多次來完成而已。詳細解答，請掃 QR Code。

掃描看影片講解

一隻兔子，向前跳，一次可以跳 9 段；向後跳，一次可以跳 7 段。那麼，透過前後跳，能否跳到從現在的地方開始到前面 10 段的位置？那裡有胡蘿蔔。或者，從第 1 段的位置開始跳，怎麼能夠跳到第 4 段的位置？那裡也有胡蘿蔔。

存疑是父親教給我的一個重要的思維能力。學數學的本質目的就是訓練思維能力，思維能力可用於任何方面。

本質上講，語文的學習也可以提高孩子的思維能力，但透過數學來培養要方便一些，而且能夠比較直接地形成嚴密的思維過程。好奇、興趣、熱愛都是媽媽調配出來附著在我的思維基因上的，而存疑、執著、追問就是爸爸教給我的。**同樣都是在大腦中形成的一種思維習慣，爸爸給的這些對我的影響更加長久，媽媽對我是初始階段的影響，就好比媽媽讓我喜歡上跑步，並讓我從起跑線上出發了，而且還是很高興地出發的，而爸爸卻讓我在路途中增加了能量，長出了翅膀，形成了思維。**

倒水、天平配重、錢數配比等，從思維上延伸出來的是等式，這些都是我在 10 歲的階段就能自己寫出來的，比方像是以下的算式：

- $1 = 3\times5-2\times7$（1 寫在左邊的意思是，要配比 1 克的藥，右邊是 3 個 5 克的砝碼，2 個 7 克的砝碼，用減法的意思是，5 克與 7 克不在一邊。）
- $2 = 7-5$
- $3 = 2\times5-7$

最後得到的結果是，任意一個重量的要求，比如 K 克，用 5 克和 7 克的砝碼來配，肯定就是：$K =$ 多少個 5 與多少個 7 之間的加或減。進一步表達出來就是：

$K = 5m + 7n$（m 和 n 都有可能是負數，用來表示不在一邊。）

我在教數學競賽班的過程中發現，孩子不會處理應用題的一個思維障礙就是找不到平衡點。用數學老師的話說，就是不會建立等式。

請看下題。

> 小紅走路回家，每分鐘走 30 公尺，到家需要走 20 分鐘。媽媽走路快，每分鐘走 60 公尺，要走多長時間？

這道題對學生來說有三種解法：

第一種，就是透過小紅走路的速度以及時間，計算出路程的距離，然後用路程與媽媽走路的速度進行計算，就知道媽媽要走多長時間了。

第二種，考慮到媽媽走路的速度是小紅的兩倍，那麼能節省一半時間，也就是 10 分鐘。不需要計算路程的距離。

第三種，距離是不變的，那麼小紅走路的速度以及時間相乘直接等於媽媽的走路時間與速度的乘積。這樣就建立了一個等式。

這三種方法中，第二種是聰明的方法，能夠立刻反應出這種方法的孩子，等到上六年級和七年級以後，數學學習會顯得疲勞，難以跟上。數學老師之間常把這樣的孩子叫耍小聰明，就是抄小路、走捷徑、思維跳躍。可惜的是，很多大人，包括很多父母和老師，經常表現出對這種思考方式的欣賞，表揚這麼做的孩子。但從智力發育的過程來看，這種跳躍的思維難以形成扎實的學問基礎。更多對學生解題思路的點評，請期待《數學老師教的數學》。

第一種方法是老實的方法，非常好。但如果做得太過熟練，到七年級需要過渡到代數範疇的時候，這樣的孩子就難以接受代數的含義，思想上總是要先找出一個明確的階段結果，再依據這個階段結果做下一個階段的問題，局限、拘泥、狹隘，限制了思維的擴展範圍。

只有第三種，才是潛力好的學生的一種智力表現。

第一，不能大量地做題目。做題目讓學生的思維方式固化為一個模式，如果是小學三年級的模式，就是三年級的模式了。三年級的模式僅僅是用來過渡的，不能為一生所用。比如前面的第一種解法，這類題不能做得太多。

第二，一旦這類題會做了，就要鋪墊等式建立的概念。找到一段話中隱含的沒有改變的東西，就是建立等式的基礎。很多孩子在學習方程式的初期都被框在了小學四年級應用題的解題思路上，覺得一個階段的答案出不來，甚至連解題階段都分不出來，題目就完全無從下手了。原因就是做的題目太多，依靠記憶和模仿，失去了理解力。

第三，強化語言理解。語言的理解來自生活中場景的對話、場景的融入。

第三點的重要性，是在我當老師的過程中，透過學生的表現認識到的，透過我的父母，我也認識到了這一方面的意義。我的父母用盡心思培養我寫日記的習慣，讓我開始對文字較真、對詞彙較勁，對一句話中詞彙次序的比較，這些都讓我在理解應用題的時候更加準確，能夠看出一行文字中的隱藏意思，就是等式建立，等號兩邊數量不變化。

爸爸強調的數學思維，就是存疑，緩慢思考，不放棄，每天都想，直到想來想去，想出腦海中的虛構場景，爸爸的任務就近乎完成了。

爸爸來作答

第6題

在今天的網路世界，人們根本不思考，要嘛是到網路上找答案，要嘛張口就問朋友圈。這是缺乏存疑訓練、不具備存疑能力的表現。存疑這個能力的意思是：

A：能夠將難題寫下來

B：不斷地想要解答出難題

C：能夠在長時間內隨時都能想到這個題目

D：能夠長期記住解題過程

（參考答案請見書末）

第7招

井字遊戲玩轉加減乘除

◎ 遊戲中的對手就是大腦思考的一個阻力，或者思路發展的一個障礙。能夠克服障礙，大腦就能獲得更多的快樂，分泌多巴胺，啟動大腦皮層更多的活動，然後漸漸出現上癮的狀態。

◎ 數學，真的不全是教室裡教的那個樣子，不全是課堂上老師講的知識、公式。數學，是在生活中琢磨數字的一件好玩的事。

1974 年 11 月 2 日　星期六　　　　晴

小鄭叔叔與我玩井字棋，三連線就贏了。我找到訣竅了，卻還是贏不了。

以上摘自我的日記。

（寫這一篇時，我還是個 11 歲的學生，當時與爸爸在河南五七幹校。）

今天，翻閱我以前的日記，最悔恨的就是寫得字數太少。當時應該多寫一點前後的過程。不然，40 多年過去了，就憑這麼一行字，前後的情景怎麼能夠回憶出來呢？而前後的情景又是多麼重要啊！

1986 年 11 月 8 日　星期六　　　　　　陰

班上有 17 個學生沒有玩過井字遊戲。玩過的學生有的也表現得生疏了，並不是經常玩。第一個挑戰，先走還是後走贏的可能性大。第二個挑戰，玩過幾次後才懂得，不輸是第一目標。第三個挑戰，找到先走後走的關鍵點需要輸幾次。透過整整一節課的遊戲，孩子們的收穫是：把追求贏的心收回來，這時，就能夠體會到揣摩對方意圖時的內在較量感。這個訓練，將能大幅度降低孩子疏忽出錯的可能性。

以上摘自我的日記。

（寫這一篇時，我已經是數學老師了，當時組建了一個小學數學競賽班。）

在我 47 年的日記中，一共只找到兩篇有關井字遊戲的日記，中間隔了 12 年。第一次出現寫的是井字棋；第二次出現比較嚴謹，寫的是井字遊戲。

井字遊戲是我小時候學會的，就是在五七幹校的時候。當時看到大家等車時，蹲在地上用樹枝畫來畫去地玩，我看大家玩，自己也就會了。印象中，我沒有贏過。後來學了兒童心理學之後才明白，這個遊戲爭的不是輸贏，而是為了理解攻防轉換，每一次選擇不是進攻，就是不得不防守。每一次都要判斷是不得不防守，還是可以自由進攻，迫使對方防守。

這樣的訓練會影響以後遇到事情時的反應能力，尤其是做題時的反應，可以同時兼顧多個因素，也就是多層次同時思考。當人在遊戲中時，思維單一，只想著贏，也就暴露了薄弱的地方，反而更容易輸。

學生做題目的時候，如果被單一思維控制住了，只想著會做還是不會做，就不會去想做的過程中會有不止一個方法、不止一種條件。要有攻防的意識：老師出這個題目，是在考我什麼呢？

井字遊戲是兩個人玩的，如圖 7-1 所示，就是簡單的井字，每人一次填入自己的符號。如圖 7-2 所示，一個人用圓圈表示自己一方，另外一個人用叉叉表示自己一方。一人一次，先畫的人叫先手，後畫的人叫後手。如圖 7-3 所示，標注 3 的位置就是後手必須要畫的位置，如果不畫在這裡，先手畫了，就形成三個格子的連線，先手就贏了。那麼，後手現在就要在 3 的位置畫叉，如圖 7-4 所示，先手面臨的是 4 的位置，如果不佔這個位置，後手佔到，就連成線，也就是贏了，於是，這一步也是防守，是先手的防守。

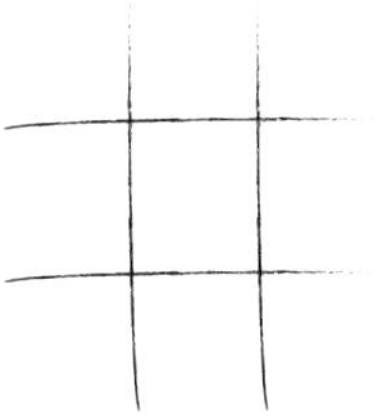

圖 7-1

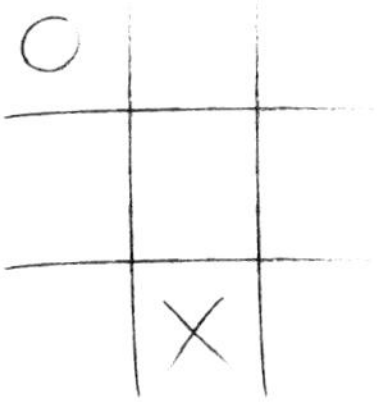

圖 7-2

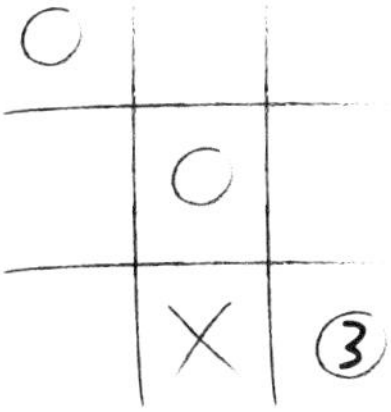

圖 7-3

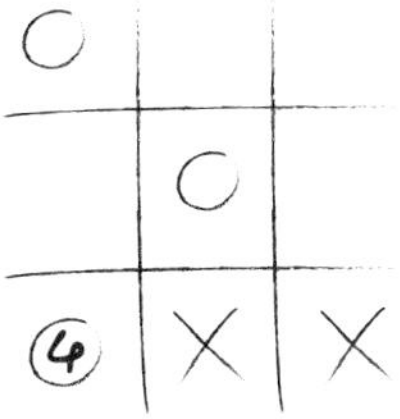

圖 7-4

井字遊戲不難，但對 10 歲以下的孩子來說，卻不簡單。我在組織小學數學競賽訓練班的時候才發現，透過接觸和練習這個遊戲，在玩的過程中，孩子的思維表現是不同的。

- 第一，玩多少次才能夠知道，確保自己不輸才是重要的策略，而不是一味追求贏；一味追求贏，就是輸的序曲了。
- 第二，玩多少次才能夠知道，先手第一筆劃的位置應該在哪裡，以及後手的關鍵位置在哪裡。
- 第三，熟悉之後，是不是還願意主動找不熟悉的人玩。

透過觀察以上三個行為，能夠找到潛力很好的學生。喜歡玩，願意玩，就可以開始接觸另外一個遊戲了，那就是 15 制勝。這個遊戲也是在五七幹校時，有一次我跟小鄭叔叔在周口長途汽車站等車時看別人玩的，後來小鄭叔叔就常與我玩。我是在一年後才明白了這個遊戲的核心。

請看圖 7-5，有 9 張撲克牌，其中 A 當作 1 用。9 張牌圖樣朝上，放在兩人中間，先手任選一張，就算自己的了，後手在剩餘的牌裡任選一張，算自己的。然後，先手繼續，後手再繼續，只要一個人能先從手裡的牌中找出相加等於 15 的，就算贏了。

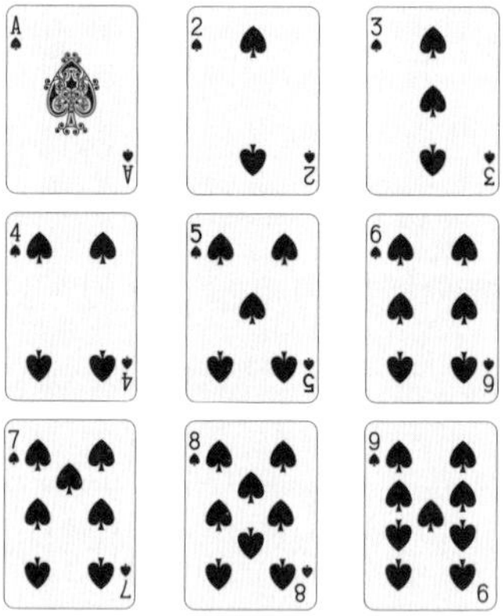

圖 7-5

好，你可以開始玩了。每次輪到自己時，對方數完 10 下，就要挑牌了，不能長時間想。

你能贏嗎？請見表 7-1。

表 7-1　15 制勝

	第一次	第二次	第三次	第四次		
我	8	5	6	1	8 + 6 + 1 = 15	√
你	7	2	4	?		

從 11 歲開始，我玩這個遊戲玩了很久，見到人就玩，因為幾乎沒有輸過，贏的時候多，其次就是平手。這個遊戲玩了一年後，我徹底熟悉了加法，腦子裡所有的數都整齊劃一，要兩個有兩個的和，要三個有三個的和，都能夠湊成 15。就這樣，我結交了很多「數字好朋友」。

對孩子來說，什麼是好朋友？熟悉！我的好朋友就是這些數字。而且不同的數字在一起，隨便都能夠快速湊出 15 來，湊出 15 的這些數字，它們之間也是好朋友。一旦數字都是我的好朋友，它們之間也是好朋友，你說，我能不喜歡數學嗎？

8	1	6
3	5	7
4	9	2

圖 7-6

一年後，這張圖徹底改變了我，我才明白，15 制勝法的攻略盡在圖中，請看圖 7-6。

這張圖共三行，每行數字的和都是 15，驗證一下吧。三列數字的和，也是 15。不信，自己算啊。兩條斜線的三個格子裡的數相加，還是 15。發現什麼了？

15 制勝，就是井字遊戲。可惜的是，玩 15 制勝的時候，難以防守，而玩井字遊戲的時候，依靠視覺，容易判斷攻防的位置。這兩個遊戲本質上是一樣的，如果自己看著井字格中的數字再與人玩 15 制勝，就方便很多了，只要拿到任意一行的三個數字，或者任意一列的三個數字，或者兩條斜線的三個數字，都能夠贏。而對方沒有這個圖的時候，選擇數字就完全沒有頭緒。

這就如同兩個軍隊打仗，一個軍隊手裡有地形圖，可以看著圖指揮布局，另外一個軍隊看不到任何圖，只能透過數字選擇自己的位置。依靠的資訊不同、工具不同，當然，贏就偏向手裡有圖的人了。

現在，你嘗試看著圖與別人玩 15 制勝，對方不能看圖，體驗一下自己的決策思路。當對方也想看你手裡的圖時，你們就又一樣了，結果就是井字遊戲的情況，多數情況下沒有輸贏，都是僵持。

如果我手裡沒有圖，但是這個圖在我腦海中呢？這時，我就有了另外一個優勢，那就是手裡不拿圖，這樣，對手就不知道我在運用特殊的工具。實際上這個工具圖已經在我腦海裡了，根本不需要用眼睛看，照樣可以按照圖中數字的位置來選擇。

能夠取得遊戲的優勢並經常贏得遊戲，這是讓孩子愛上遊戲的心理動機。人人都愛贏，可以透過體力贏，比如打乒乓球，也可以透過腦力贏，比起下棋。當我能夠經常性地贏得 15 制勝遊戲時，當然就會想找人一起玩。結果到最後，幾乎沒人願意跟我一起玩了，只有爸爸一直陪我玩，雖然我老是贏他，可他也沒有什麼怨言，我自己就覺得沒勁了。不過腦海中的那個快樂動機還想尋求滿足，於是，就漸漸轉向了更多的格子。

爸爸輕鬆學兒童心理

根據美國加州大學教育學院 1997 年的一個研究報告，從教育心理學上講，我是學到了智慧形成的動力，那就是滿足感。當孩子喜歡上下棋後，一開始是過程帶來快樂，只要玩，就高興。後來漸漸地發現，對抗遊戲中有輸贏，而贏，不過就是自己大腦追求的目的實現了。最初的目的是只要玩就行，後來目的漸漸延伸了，大腦想贏。贏，就是按照自己的意圖，能夠逐步布局，從而達到目的。

比如井字遊戲的三連線，或者 15 制勝的加總和為 15。遊戲中的對手就是大腦思考的一個阻力，或者思路發展的一個障礙。能夠克服障礙，大腦就能獲得更多的快樂，分泌多巴胺，啟動大腦皮層更多的活動，然後漸漸出現上癮的狀態。

其中，爸爸的作用不能忽視，他總是陪我玩，他不是讓我，他是真不會，他腦海中沒有圖。我贏的時候，他總是好奇地問我，怎麼你選出來的數兒都能夠湊成 15 呢？最有意思的是，他與我玩井字遊戲，誰都贏不了，所以我就知道他不是讓我的。而我提議玩 15 制勝，他就贏不了，都是我贏了。

這中間，爸爸的作用有三個：

讓孩子有一個玩伴，讓他獲得一種安全感，就是只要想玩，爸爸肯定會答應我，我心裡有數。

第二，提供快樂，當他盡力了，卻還是輸了的時候，我得到了快樂，也漸漸學會輸了以後應該深思。他總是隔上兩天還來問我之前玩的過程中，我為什麼選 8 之類的問題。他一直都在回顧，這也就影響了我，讓我懂得輸不是世界末日，而是提升的開始。

第三，爸爸帶給了我一種氛圍，小鄭叔叔是他的同事，我們都在五七幹校，在那個時代、那個環境下，父親和同事間的氛圍影響了我，讓我有了更多時間思考，尤其是思考這些思維遊戲。爸爸從來沒有督促過我做題，也從來不拒絕和我一起琢磨小鄭叔叔出的思考題。

當我嘗試與爸爸玩擴大了的井字遊戲時，爸爸也沒有拒絕我，而是與我一起探討。你也可以嘗試一下。你玩過這個井字遊戲嗎？如圖 7-7 所示。

1	15	14	4
12	6	7	9
8	10	11	5
13	3	2	16

圖 7-7

這個擴大版的井字遊戲，把我的思路引向了 16 個格子的數字圖，讓我的思維如流水一般順暢。你應該能想到，這個遊戲可以叫 34 制勝。任意行的 4 個數字之和，都是 34；任意列的數字之和，也是 34；當然，兩條對角線上的 4 個數字之和，也是 34。

用足夠多的時間去觀察，你一定能夠發現，還有其他相加後也是 34 的位置，那就是左上角 4 個格子中的數字。那右上角的 4 個格子呢？左下角的 4 個格子呢？右下角的 4 個格子呢？

數學，真的不全是教室裡老師教的那個樣子，不全是課堂上老師講的知識、公式。例子才是數學，而不僅是做題目。數學，是在生活中琢磨數字的一件好玩的事情。

對孩子來說，如果你給他們的是教室裡的樣子，那就是他們以為的數學了，枯燥、無趣、晦澀、無聊。如果是爸爸給的呢？如果是小鄭叔叔帶我玩的這些呢？如果是長途汽車站等車的那些人們打發時間玩的遊戲呢？

如果是這樣的加法呢？如圖 7-8 所示。

3+		4+
5+		
3	3+	

圖 7-8

看到 4 +的那個格子了嗎？這個格子與下面連著的格子一起被粗線區分開了，兩個格子裡要填上數字，只能是 1、2、3 中的一個，一個格子中填入一個數字，兩個格子就是兩個數字，這兩個數字的和是4。你會從1、2、3 中找出哪兩個數字填進去呢？具體玩法，請掃 QR Code 看視頻講解。

掃描看影片講解

同樣，那個有 5 +符號的格子，與旁邊連著的格子也被粗線分開了，填入這兩個格子的數字之和必須是 5。你會選擇 1、2、3 中的哪兩個數字填進去呢？

另外，要求每行的三個數字都只能是 1、2、3，而且不能重複填寫，比如 1、1、3 不行。每列也是同樣的要求，1、2、3 都要用上，但不能重複。

說明已經足夠詳細了，你可以嘗試填寫一下，9 個格子中，都要填上數字。我給這個遊戲起了個名字，叫「算吧！」，意思就是，有條件、有規則、自己去算吧。

這樣做加法可比做 10 道學校的加法題好玩多了。從思維上講，這個遊戲能夠讓學生的大腦變得靈活，需要在受限的條件下完成加法任務。做完 20 道這樣的格子題（見附錄），熟練的不僅是 1、2、3 之間的加法，還熟悉了 3 是由什麼構成的，5 是由什麼構成的，能夠隨意拆解數字，將一個數字變成不同數字之和。這些思維上的痕跡是數學課堂上做大量計算題所給不了的，計算題都是從左邊到右邊，按照指定的符號進行一個方向的計算，熟練了這樣的計算方式以後，思維就不會從右邊拆解出左邊的部分了，比如：

$$3 + ? = 21$$

當然，不僅加法，減法也可以在這個遊戲中得到訓練。請看圖 7-9。

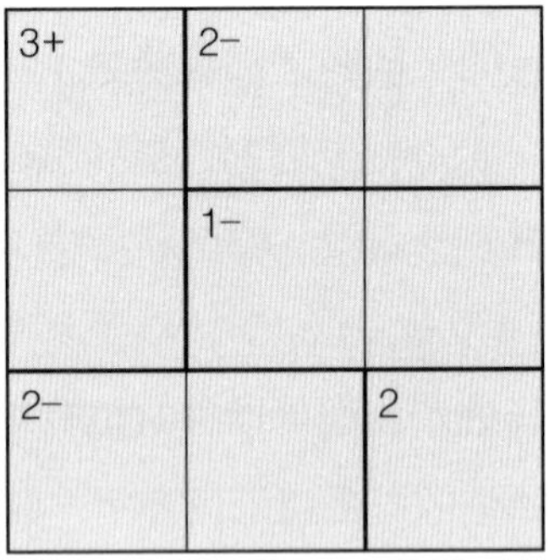

圖 7-9

不僅 1、2、3 可以，更多的數字也可以，如圖 7-10 所示。

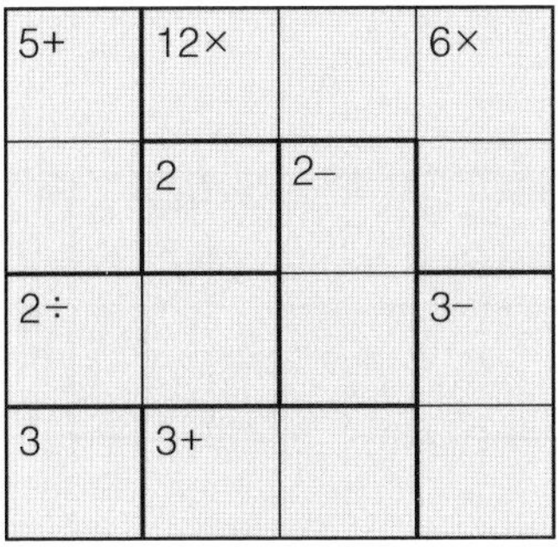

圖 7-10

加減乘除都在其中了，隨著孩子年齡的增長，四則運算在這樣的框架下已經完全可以訓練出他們思維的靈活性、方向的多樣性、組合的變化性。最重要的是，孩子喜歡，一下子就能將其當作好玩的事情來處理，而不是映射到腦海中，想著這是作業、這是做題目。

這一點在數學教育中非常重要，把數學教育的內容打扮成遊戲的樣子，讓孩子情不自禁地喜歡玩，願意玩，可以沒完沒了地玩。玩的過程中，什麼加減乘除的規則啊，等式運算的結果啊，進位、補位、借位都運用自如了。

如圖 7-11 是 5 個數字的「算吧！」遊戲。

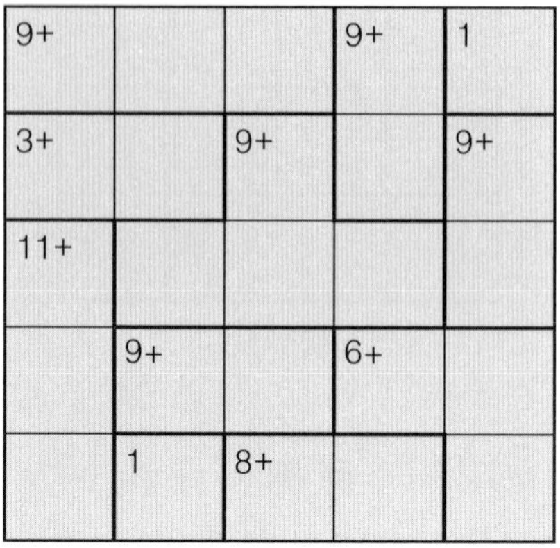

圖 7-11

「算吧！」這個遊戲，可以一直擴大到 9，涉及的計算可以超過 100。

數學的教育可以與課堂上教的如此不同，甚至可以說是天壤之別，對孩子的影響，尤其是在培養對待數學的態度上，也是高下立見的。

玩格子與數字關係的遊戲不僅可以從井字遊戲起步，還有 15 制勝、34 制勝，還有「算吧！」，還有格子乘法（參考《孩子不再討厭數學：10 招媽媽輕鬆教的生活數學》），還有數獨、九宮格，以及幻方……我爸爸從來沒有在家裡教過我課堂上的數學，卻總是陪著我玩各種大腦體操；我媽媽，雖然會檢查我的數學作業，卻從來沒有給我講過解法，都是換一個場景，講一個故事。

很多人都玩過井字遊戲，我小的時候把這個遊戲叫作井字棋，實際上，它不是棋，沒有棋子，就是畫一個符號，用來當作自己的軍隊，去佔領地盤。井字棋是數學嗎？井字棋能夠帶來思考嗎？能夠促進思維的活動嗎？能夠激發興趣嗎？學校的數學課堂上有井字棋嗎？井字棋，能夠延伸出 15 制勝，能夠延伸出幻方，能夠牽扯出歷史上數學發展的一系列重要事件，能夠引伸出今天的數獨、「算吧！」等各種遊戲，能比教室裡的數學多許多花樣。

從我過去的日記中找出這些零星點滴，並檢索記憶，整理出玩過的遊戲，整理出我組織小學數學競賽班時的題目，讓我回憶起在輔導孩子的過程中，透過各種遊戲，看到孩子思維的發展、不錯的潛力表現，還有數學能力的進步過程，這些都可以透過遊戲的參與得到體現、得到鞏固、得到促進。

玩，是孩子的天性，把數學打碎，重新編制到遊戲中，是老師的責任，是父母的任務，是教育的最高境界。

爸爸來作答

第7題

從井字棋到 15 制勝，其實就是從模糊對抗到策略對抗的一個升級過程。這個升級能直接促使大腦想要找到制勝的規律，運用規律，總能取勝。那麼，「算吧！」這類約定規律的數字填空實際上訓練的是：

A：記住規律並用上
B：探索規律，並將其總結出來
C：熟悉規律，使思維更靈活
D：多種規律混合使用
（參考答案請見書末）

第8招

談天說地中蘊含大智慧

◎ 爸爸陪伴我討論過很多話題，不是一味的教育內容，而是來自我好奇的種種事情。

◎ 在孩子心目中，父母的角色完全不同。母親是生活的關照者，父親是自信的建設者，父親願意與孩子平等地交談廣泛的話題，孩子從中建立起自信，敢於說出自己的想法。

1975 年 1 月 20 日　星期一　　　　　　晴

那個是瞎子，他猜對了小鄭叔叔的姓，也猜對了我姓孫。

小鄭叔叔也不會。

以上摘自我的日記。

日記內容短，其中也不該把盲人稱為瞎子，這是我長大後才知道的基本禮貌。小的時候，大人也管他叫瞎子啊，但更重要的是，他猜中了我姓什麼。當時，他不僅猜中了我的姓，猜中了小鄭叔叔的姓，也猜中了旁邊其他人的姓。

作為數學老師的我，今天不再覺得神奇。如今很多地方都有這樣的把戲，就像當初在周口長途汽車站看到的一樣，我在成都、重慶、杭州等各大旅遊景點都看到過。在路邊的地攤上，一個戴著深黑色墨鏡的人坐在那裡，前面擺放著 100 個字，就是百家姓中的字，你要是站在那裡看上一會兒，盲人就會問，哪張白紙裡有你的姓啊？你回答說：第三張、第四張中都有我的姓。盲人說，你姓孫啊，孫子家的傳人，手給我。如果你把手伸過去，他就開始摸，然後繼續說什麼福氣啊財運啊，等等，說得你高興了，給點錢。重要的不是你高興，而是他怎麼知道你姓什麼。

盲人眼前擺放的通常是這樣的大白紙，如圖 8-1 所示。

A
李、張、陳、趙、周、徐、胡、高、何、馬、梁、鄭、韓、馮、董、程、袁、許、沈、彭、蘇、蔣、賈

B
王、張、楊、趙、吳、徐、朱、高、郭、馬、宋、鄭、唐、馮、蕭、程、鄧、許、曾、彭、盧、蔣

C
劉、陳、楊、趙、孫、胡、朱、高、羅、梁、宋、鄭、於、董、蕭、程、傅、沈、曾、彭、蔡、賈

D
黃、周、吳、徐、孫、胡、朱、高、謝、韓、唐、馮、於、董、蕭、程、呂、蘇、盧、蔣、蔡、賈

E
林、何、郭、馬、羅、梁、宋、鄭、謝、韓、唐、馮、於、董、蕭、程

F
曹、袁、鄧、許、傅、沈、曾、彭、呂、蘇、盧、蔣、蔡、賈

圖 8-1

實際情況中，每張白紙上的字還要更多一些，一共 7 張紙，有 100 個姓。我這裡用了 6 張紙，縮減到 45 個姓。你在這 6 個格子中找到自己的姓，看一下都在哪些格子裡出現了，比如你知道自己的姓，發現分別在 A、B、C、D、E，5 個格子裡都有，你不必告訴那個盲人，當然，你也不必告訴我，只要我知道 A、B、C、D、E，5 個格子裡都有你的姓，就知道你姓程。或者你說自己的姓在格子 A、C 裡有，別的格子裡沒有，我就知道你的姓是陳。

以上 6 個格子按照 A、B、C、D、E、F 的順序，分別代表 1、2、4、8、16、32。如果你的姓在 A、D 兩個格子裡有，那麼就是 1 ＋ 8 ＝ 9，意思是你的姓在百家姓中排第 9 位，所以你姓周。如果你的姓在 C、D 格子裡有，其他格子裡沒有，那麼就是 4 ＋ 8 ＝ 12，百家姓中排第 12 位的是孫。你姓孫。

圖 8-2 就是你要依據的一個姓氏編碼，也就是百家姓。這個百家姓是依據人口中姓氏人數從多到少排列的。排第一位的是李，人口最多，其次就是王，然後是張。你記住了這樣一個姓氏編碼圖，再根據計算得出來的數，就知道眼前這個人的姓了。

01 李	02 王	03 張	04 劉	05 陳
06 楊	07 趙	08 黃	09 周	10 吳
11 徐	12 孫	13 胡	14 朱	15 高
16 林	17 何	18 郭	19 馬	20 羅
21 梁	22 宋	23 鄭	24 謝	25 韓
26 唐	27 馮	28 於	29 董	30 蕭
31 程	32 曹	33 袁	34 鄧	35 許
36 傅	37 沈	38 曾	39 彭	40 呂
41 蘇	42 盧	43 蔣	44 蔡	45 賈

圖 8-2

整個過程會讓不知道背後奧祕的人感到神奇。7 張紙上，那麼多姓，誰能夠記住哪個格子裡有什麼字，然後你說出有這個字的格子，他就知道是什麼字？就算是現在再看一遍，還眼花繚亂呢。實際在大腦中，不過就是 1、2、4、8、16、32、64 的簡單加法而已。

當年 12 歲的我，被矇住了。小鄭叔叔是大人，也被矇住了。我記得，不是依靠記憶的。這個疑團一直困擾了我 6 年，直到 1981 年，那年我已經上了北京師範大學數學系，再次遭遇了路邊算命，在北京的北太平莊農貿市場門口，這次，戲法的奧祕顯現了出來，請看圖 8-3。

A
1、3、5、7、9、11、13、15、17、19、21、23、25、29、31

B
2、3、6、7、10、11、14、15、18、19、22、23、26、27、30、31

C
4、5、6、7、12、13、14、15、20、21、22、23、29、30、31

D
8、9、10、11、12、13、14、15、24、25、26、27、28、29、30、31

E
16、17、18、19、20、21、22、23、24、25、26、27、28、29、30、31

圖 8-3

算命先生的路邊攤位前，有這麼 6 張紙，上面都是數字。旁邊寫道：你的出生日期就在其中，哪個格子裡有，說出格子的字母，我就能知道。

我說 A、B、C 裡有，算命先生立刻說，你是 7 號出生的。然後算命先生說，你的出生月份在哪個格子裡有？我一看說，A、B，他說，那是 3 月。之後他就要看我的手相，我沒有讓他看。當時眼前的場景讓我一下子想到了當年在河南周口長途汽車站見到的姓氏表格。我愣在那裡，旁邊陸續有人說出自己生日的格子，結果都被說中了，而我也漸漸發現了背後的竅門，就是把格子裡的第一個數字相加。甚至都不用記住姓氏的次序，直接就是數字。生日、月份，都是數字。加出來就是了。請掃 QR Code 看視頻揭秘。

掃描看影片講解

2007 年 8 月 10 日　星期五　晴

鐵蛋能夠說出自己屬牛，卻不知道我的生肖，甚至十二生肖都說不出來。我製作了猜謎表，果然如我計畫的一樣，他著迷了，並陷入其中。

2007 年 8 月 18 日　星期六　晴

連續一週都不斷地猜生肖，他同學的生肖差不多都在牛前後。他這回算是徹底記住了十二生肖。接著，我引入了生日表格，再一次如我所料，他又陷入其中，並開始深入思索。

2007 年 8 月 30 日　星期四　小雨

今天，鐵蛋大概猜出了背後的操作模式，就是每個格子的第一個數字相加。接著，我引入了二進位，10 歲的孩子，完全有能力理解二進位了。

以上摘自我的日記。

以上三篇日記，寫的都是我作為一位父親，與兒子鐵蛋的互動過程。當初我的目的非常具體，就是讓孩子記住十二生肖：鼠、牛、虎、兔、龍、蛇、馬、羊、猴、雞、狗、豬。我運用的就是孩子最喜歡的猜謎形式。我給了他這樣的四個格子，請看圖 8-4。

A	鼠、虎、龍、馬、猴、狗
B	牛、虎、蛇、馬、雞、狗
C	兔、龍、蛇、馬、豬
D	羊、猴、雞、狗、豬

圖 8-4

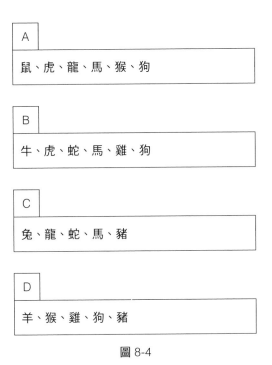

我問他，哪個格子裡有他的生肖？他看到 B 格子裡有，我說那就是牛。你知道哪個格子裡有爸爸的生肖嗎？他看了看，說 C

格子裡有，我說，那就是第 4 個，兔。我讓他隨便想一個自己喜歡的動物，只能是十二生肖中的一個，他說在 A、B、D 格子裡都有，我說你喜歡狗。A、B、D 分別是 1、2、8，相加就是 11，第 11 位的生肖是狗。

爸爸輕鬆學兒童心理

家庭中，父母與孩子的交談話題都有什麼？有關生活的，告訴孩子該吃飯了，指示孩子到了睡覺時間，命令孩子收拾書包……

有關學習的，查看孩子的作業本，檢查孩子的試卷，詢問孩子在學校學的知識……

以上兩類話題都是大人發起的，發起的過程是不考慮孩子感受的，比如並不在意孩子眼前在做什麼，直接就打斷，對孩子自己的意識、自主行為和眼前專注的事情完全視而不見，徹頭徹尾地以自己的意志為中心，不顧及孩子的任何感受。

還有孩子發起的大量不能構成長時間談話的話題，比如：「媽媽，為什麼樹葉是綠色的啊？」「媽媽，我今天不想去幼稚園。」「爸爸，我們什麼時候去公園啊？」……這類孩子發起的話題，通常都得不到認真對待，很快就被大人打發掉了。

小時候，我就是不知道盲人是怎麼猜到我的姓的，一直困惑，並就這個話題與爸爸探討，我爸爸當然也不會。不過，他願意一直與我探討，並給我講了百家姓的故事，每一個姓氏的意思。一次路邊遭遇就能製造出許多爸爸與我的談話話題。

他當時不知道這背後的數學奧祕，後來我知道了，我就製造了充滿疑惑的話題給我的兒子。爸爸陪伴我討論了很多話題，不是一味的教育內容，而是來自我好奇的種種事情，有過河的次序安排，有丟失的鑰匙，也有年齡的變化。爸爸沒有把學校教的內容重複講給我，我們交談的內容多數來自我，我看到的事情，我好奇的事情，我想不明白的事情……我的兒子沒有那麼多好奇的事情，他喜歡打籃球，我們討論過很多籃球的話題，當我希望他至少瞭解十二生肖的內容時，我想到了父親與我的每次交談，好像每一次都是我要談的，而不是他要找我談的。

我從父親那裡學到的，用在了兒子身上。同樣，我製作了遊戲，使用了猜謎的方式，一切如設計好的一樣，連續兩個星期之後，鐵蛋已經非常熟悉操作模式，也開始思考這背後的邏輯，等他存疑的時間夠長之後，他的好奇達到了最高程度，於是我引入了二進位，而他也真的懂得了二進位的原理。

如果只能用 0 和 1 兩個數字來表示數量，那麼應該有一個方法同樣可以表示 3 個、4 個、5 個。我們表示 10 以上的數量時，通常還是用 0 ～ 9 這 10 個數字來表示，但如果只能用 0 和 1 這兩個數字也要表示出很多數量的話，我們就有了這樣的辦法：0、1、10、11、100、101、110、111、1000……分別表示我們習慣了的 0、1、2、3、4、5、6、7、8……

如果我們把 2 當作一個底數的話，2 的 0 次方就是 1，2 的 1 次方就是 2，2 的 3 次方就是 8……

- 3，就是 2 的 0 次方與 2 的 1 次方的和。
- 4，就是 2 的 2 次方。
- 5，就是 2 的 0 次方與 2 的 2 次方的和。
- 6，就是 2 的 1 次方與 2 的 2 次方的和。

……

任何我們習慣了的數，都可以用這個二進位的方式表示出來，如表 8-1 所示。

表 8-1　十進位與二進位

十進位	0	1	2	3	4	5	6	7	8
二進位	0	1	10	11	100	101	110	111	1000

現在，我們可以開始編生肖表格了：十二生肖分別對應的是從 1 開始到 12 的 12 個數字，也就是這樣的 12 個數字，如表 8-2 所示（前面用 0 補齊，純粹是為了好看）：

表 8-2　生肖表格

0001	1	鼠 
0010	2	牛 
0011	3	虎 
0100	4	兔 
0101	5	龍 
0110	6	蛇 
0111	7	馬 
1000	8	羊 
1001	9	猴 
1010	10	雞 
1011	11	狗 
1100	12	豬 

最後一位是 1 的，都放到 A 格子裡；倒數第二位是 1 的，都放到 B 格子裡；倒數第三位是 1 的，都放到 C 格子裡；倒數第四位是 1 的，放入 D 格子裡……

然後，就可以運用規則了，比如，你的生肖是馬，那就是 7，7 實際上是由 1、2、4 組成的，應該在 A、B、C 格子裡，你檢查一下是不是。如果是，格子就做對了。

懂得了這背後的原理，就能自己製作格子了。我兒子那段時間就用自己做的表格讓同學來參與，他可以快速知道同學的生肖、生日、姓氏、學號，還有同學父母出生的城市。他自己做了另外一個城市檢索圖，編制了一套城市代碼，並自己記住了 32 個城市的名字和次序。

延續父親與我之間的對話習慣，我規定自己每天都要與兒子有 30 分鐘的對話，不是談他學校的事，也不是對他的行為進行教導，而純粹是聊孩子自己感到好奇的事情，或是我試圖引發他產生好奇的事情。

為此，我把自己成長過程中有意思的事情都設計成活動，一點一點用到我們的交談內容中，有過河的思考題、稱重體驗、尋找丟失的物品、籃球場中的行走路線，以及投球時球入籃框的軌跡，還有運球過程中身體重心的變化與體能的關係等，這些都是我們討論過的與數學有關的話題。

我們還討論了很多其他的話題，比如《賈伯斯傳》，我自己閱讀的同時，多買了一本給兒子，我們約好一起讀。遇到其中涉及時代的詞彙，他不太瞭解，我就給他介紹背景，還引發他關注巴布・狄倫（Bob Dylan）的音樂；我們每週一起看一部電影，討論影片中的人物關係和情節變化，並設想不同的結局；我們也討論我在中國的行銷諮詢工作，討論他關心的經濟問題……

我與兒子很少討論他學校的作業，除非他來詢問我不太會做的題目，通常我也不會直接講給他，而是讓他給我解釋題目的意思，然後我會詢問他的老師講了哪個知識點，是怎麼講的。多數情況下，他在試圖解釋給我聽的過程中，自己就開竅了。

在孩子心目中，父親與母親的角色完全不同。**母親是生活的關照者**，是孩子心目中獲得安全感的源泉。**父親是自信的建設者**，父親願意與孩子平等地交談廣泛的話題，在這一過程中，孩子逐漸建立起自信，並敢於說出自己的想法，而不是擔心自己有什麼不對，或是被別人嘲笑……

我對數學的興趣來自媽媽與我玩的各種活動，每個活動背後都包含著數學內容，詳情可以參見《孩子不再討厭數學：10 招媽媽輕鬆教的生活數學》。而對廣泛的日常生活的熟悉、常識的掌握則來自爸爸，來自爸爸與我的各種交談，甚至包括他年輕時的理想、年輕時做過的傻事、年輕時的勇敢以及內心的怯懦、當他還是孩子的時候他對他母親的理解、他參軍的內心動機等。他作為一個過來人，跟我討論自己年輕時候的事情，正是這些，漸漸塑造了我的想法，並讓我堅定地按照自己的想法去做，而不去在意別人的議論和言語。

常識中有事物的內在邏輯。我爸爸不懂猜測姓氏的內在邏輯，但是，我們的交談讓我學到了百家姓的來源。這也是數學，是數學概念的定義過程。學習數學，尤其是到了國中，很多孩子跟不上的一個原因就是不理解定義。一定要追問為什麼，比如對數符號，那就是一個定義，約定好這個操作過程，就這麼表示了；在生活中，理解了自己的姓就是一個約定，對自我個體的標誌，也就明白了。我們可以在約定好一些事情以後，在約定的基礎上進一步演繹。有了這個想法，二進位就不是一個難以理解的事情了，不過就是不要被十進位鎖定，大腦不要被 0 ～ 9 的數字習慣固化，而是要跳出來，接受另外一種數量表示方式而已。

父親帶給我的數學更多的是常識中的邏輯，是操作過程中的嚴謹，是次序中的規則，是韌性，是執著，是盯住自己感興趣的事情，或者說盯住那些吸引住了自己的事情鑽研下去。

爸爸輕鬆學兒童心理

當我將從父親陪伴我成長的過程中學到的方式、內容、過程全都複製到我兒子面前的時候，我才體會到教育心理學中的核心原理：遺傳、環境、教育這三個要素。父母扮演的就是環境這個要素。這三個要素的不同組合孕育出一個人，這個人的智力、體力、精力、心理、精神、動機、性格、品質……從懷孕到出生，遺傳因素就完成了。而在 0 ～ 12 歲這一重要階段，環境的影響作用佔 95%。12 歲以後，教育的權重才漸漸升高。18 歲以後，又回到了環境，社會環境、人文環境、文化環境等。

對孩子的成長有重要影響的就是 0 ～ 12 歲階段的環境，這個環境包括父母提供的生存條件，孩子成長過程中的心理建設、精神發育、性格形成、智力基礎等，這些都源自父母與孩子的對話，對話是環境影響中能佔到 50% 以上的一個環節。其中，父親的作用不能缺少，自信、勇敢、堅強、執著等重要的人格品質，都是來自父親的影響，而熱愛、快樂、興趣、感情都是來自母親創造的氛圍。

隱藏的數學是什麼？就是交談的話題。話題中有視野，視野帶來思考，思考形成性格資質。學習數學需要一種資質，這個資質就是專注、執著、長時間存疑。不放棄地想啊，想啊，人生的路，也就想出了眉目。

爸爸來作答

第8題

猜測生肖、姓氏等活動激發了孩子的興趣，並讓他願意長時間思考背後的原理。其中，爸爸的真正作用是：

A：帶給孩子信任

B：帶給孩子自信

C：帶給孩子方法

D：帶給孩子信念

（參考答案請見書末）

第9招

從猜謎遊戲中孕育出抽象思維

◎ 把每個步驟都精細地寫出來，這個過程培養了細緻、縝密的思維，不是跳躍，不是耍小聰明，而是看似愚鈍，實則大智。

◎ 真數學，真正的數學課，真正的數學思維，是來自思維的訓練，而不是記憶力的訓練；是來自理解力的提高，而不是熟練的模仿。

1976 年 3 月 19 日　星期五　　　　　　　小雨

爸爸總是能夠猜對，我不知道是怎麼回事，爸爸讓我自己想。隨便想一個數，我想的是 8，不告訴爸爸。他讓我乘 2，我得到了 16，然後讓我加 6，就是 22，又讓我除 2，當然，就是 11 了，減去我之前想的 8，爸爸說，是不是 3？

以上摘自我的日記。

日記中有關猜謎的活動很多，數字猜謎有四個，其他的都是成語猜謎、對聯猜謎。留在我記憶中的，卻是這個數字猜謎，我學會了，並在同學們中間玩，自己得意。北京師範大學畢業的我當然知道，那個心情其實就叫成就感。

成就感不是取得成就的人才有的，這個成就也不一定要特別大、特別轟動。對孩子來說，會一項神奇的特技，讓同學想不明白，就是很大的成就了。心理學上講，成就感能夠驅使人忘我地追求一個目標，達到目標的階段性過程能夠不斷累積成就感，並形成正向迴圈，激發一個人向著一個方向深入探索。爸爸跟我玩的各種猜謎遊戲，就這樣一點一點地把我帶入了被成就感驅動的迴圈中。

1976 年 4 月 2 日　星期五　　　　　　　陰

1089 這個數總是出現。爸爸讓我口算三位數加減，我自己隨便說了一個 159，然後爸爸讓我顛倒次序，就是 951，用大的減去小的，我沒有算錯，是 792，再顛倒過來，就是 297，然後相加， 792 加 297，就是 1089。

以上摘自我的日記。

這是第二個數字猜謎遊戲，另外兩個在第二招中已經提到了。日記內容不多，幸好關鍵要點都寫了下來，不過即使沒有寫下來，我也仍然記得，而且深入腦海。這些題目我與同學玩過無數回，只要去郊遊，路上大家聊天，我就會拿出這些猜謎的題目，讓同學覺得神奇，我自己覺得得意。培養孩子一點自信，難嗎？不難，贏得同學的目光，就是自信的燃料，燃料越來越多，自信就越燒越旺。

在 1975 年到 1976 年這段時間，有關數字的遊戲，透過各種猜測和嘗試，不僅讓我的心算能力提高了，而且對數學運算過程中的規則和次序也更加熟悉了。實際上，老師讓學生做大量習題，也是為了讓學生熟悉，不過那種熟悉的過程容易導致孩子不喜歡數學，這個代價有點大。我爸爸的做法，卻是透過猜謎的方式，讓還是孩子的我來回反覆折騰，折騰的過程中，也就熟悉了。

12 歲的我，腦子裡充滿了數字之間的趣味關係，這樣的日子，這樣的生活，今天回憶起來，仍然溫馨。而今天我的大腦和腦力的思考，都是那些日子的沉澱，感謝父母營造了一個環境，是環境薰陶了我、塑造了我。

不過，這把戲沒有玩多久，我自己就不玩了。因為上了國中，學了代數，這把戲就被徹底揭穿了。然而正是因為這樣的把戲玩得太多，我的代數彷彿天生就會，操作自如，運算流利，尤其是因式分解、等式操作等，都十分拿手，一改小學時數學成績總是在中等徘徊的局面，以前很多分數在前面的女生都漸漸落後了。

其實這個把戲的背後，就是一整套代數原理。當初爸爸與我玩這個遊戲的時候，讓我拿紙筆把每個步驟都寫下來，如以下所示：

- 第一步：想好一個個位數。
- 第二步：乘以 2。
- 第三步：加 6。
- 第四步：除以 2。
- 第五步：減去想好的數。

每次得到的答案都是 3，我嘗試了所有的個位數，從 1 到 9，都是如此。然後，我嘗試了稍微大一點的數，比如 25，結果也是如此。於是，我用學校老師教的四則運算，再遵循爸爸給我養成的習慣，每個步驟都寫下來，就得到了下面這個算式，如圖 9-1 所示。

$$\frac{7\times 2+6}{2}-7$$
$$=7+3-7$$
$$=3$$

圖 9-1

然後，你是不是發現訣竅了？我完全可以改進這個遊戲，讓最後的答案是 4，也可以是 5，甚至可以是任意一個數，關鍵都是在第三步，指令所給的加上的那個數的一半，就是最後的答案。比如，你看那個 6，這個地方如果換成 8，也就是說第三個步驟，我給的指令是加 8，那麼，最後的數字就是 4。我就可以猜是 4，肯定也是對的。

然後，我還可以乘以 3，然後加 15，再除以 3，最後就是 5，無論你最初的那個數是什麼。如果你真的羅列過所有步驟，你自己就能夠看出訣竅在哪裡，這就是把戲的底牌。

我重新整理了遊戲過程中的指令，如以下所示：

- 第一步：想好一個數，隨便是多少。
- 第二步：乘以 3（練習你的乘法心算呢）。
- 第三步：加 18（練習你的加法心算呢）。
- 第四步：除以 3（練習你的除法心算呢）。
- 第五步：減去你之前想好的數（練習記憶力，以及減法心算）。

最後，你得到的是 6，讓參與的人感到驚訝。光忙著心算呢，誰知道出題人怎麼能在不知道第一個數的情況下，一下子就猜出來了。如圖 9-2 所示。

$$\frac{37 \times 3 + 18}{3} - 37$$
$$= 37 + 6 - 37$$
$$= 6$$

圖 9-2

其實，不用第五步也可以。讓對方告訴你現在是多少，然後你自己在心裡做一個口算，減去 6，就能夠猜到對方最初想好的數。這也是一種玩法。如果孩子讀小學三年級以下，第一個想好的數就控制在 20 以內；如果孩子讀小學三年級以上，那 100 以內的數都可以，反正練習的都是心算的能力。

數學學習要培養的是思考能力，而思考能力再進一步就是抽象思維了。抽象就是把具體的數字變成抽象的符號，數字與符號都參與同樣的運算過程，而符號保留下來，維持最初的樣子，如圖 9-3 所示。

$$\frac{3n+18}{3}-n$$
$$=n+6-n$$
$$=6$$

圖 9-3

我認為，我爸爸肯定沒有學過教育心理學，完全不懂兒童認知過程的規律。他不懂，可是他做的事情竟然完全符合認知心理學。整個猜謎過程中，我的表現以及大腦中形成的認識、習慣、收穫，就如同以下所示：

1. 興趣的鞏固
2. 加減乘除運算的熟練
3. 內在規律的挖掘
4. 記憶力的反覆打磨

以上四條，是多少老師和家長都夢寐以求的啊。這些老師和家長採取的方法又是什麼呢？一再做題目，增加數量，縮短時間，要求學生短時間內做出儘量多的四則運算。啊，他們的這些做法，也符合認知心理學規律，能夠達到以下的四個效果：

1. 憎恨數學

2. 強制記憶

3. 模仿並重複記憶內容

4. 封閉記憶體

爸爸輕鬆學兒童心理

這種做法會漸漸引發孩子內心對數學的厭煩，厭煩進一步引發的就是排斥，不再運用理解力，而是靠簡單的形式化模仿，重複模仿內容並強制自己記住，這不是依靠臨時的即時記憶力來理解事物，而是把即時記憶力佔用來當作永久記憶使用，等到國中需要靈活性的時候，即時記憶力失靈，理解力失靈，長效記憶力卻關閉了。孩子自己不明白，便不斷強化自己的認識：數學不是我的菜。就是有人天生擅長數學，反正自己不是這塊料，熬到畢業，就可以徹底告別數學了。是的，應該告別這樣的數學。

很有意思的一個現象是，幾乎沒有人承認自己是文盲，卻有很多人坦然承認自己數學很差。自己是數盲，自己不聰明，自己不擅長數學，都是一個意思。他們不喜歡的數學，與我學到的數學，真的不是同一個數學，搞不好，他們學的都是假數學，是老師為了展示自己的教學實績用的，是為了讓學生做題，自己省事用的，是為了能夠在校外搞補習班賺錢用的，不是真正的數學，至少，不是我從小學到的數學。

數學應該是好玩的，是可以讓我們不止一次地玩下去的。如同遊戲，遊戲的一個基本要素就是有可以預測的部分，也有不可預測的部分。有規律性的嚴肅，也有偶然性的結局。要不，我們再來看看我日記中的第二個謎題。

不知不覺地，我總是會這樣做，那就是嚴格地把每一個步驟都羅列出來，不圖省事，不追求聰明，靠的就是嚴謹和扎實的工作作風。這不是我天生遺傳來的，而完全是從爸爸的做法中耳濡目染下得來的。

- 第一步：想一個三位數。
- 第二步：顛倒次序。
- 第三步：大減小。
- 第四步：再顛倒次序。
- 第五步：相加。

得到 1089。把算式羅列出來，試一試，你是否可以找到訣竅。第二招中就有這個例子，當時你是否深入思考過，還是讀完那段就跳過了？不過，到這本書要結束的時候，抽象就該出現了，如圖 9-4 所示。

$$
\begin{aligned}
&100a+10b+c-(100c+10b+a)\\
&=100a+10b+c-100c-10b-a\\
&=99a-99c
\end{aligned}
$$

圖 9-4

這就是使用代數的方式，將第一步、第二步、第三步都表示出來。如果用代數方式表示三位元數，就是 100a ＋ 10b ＋ c，首先，要預設 a、b、c 都是 0 ～ 9 的自然數，其中 a 不是 0。

然後，重要的就是下一步，如圖 9-5：

$$
\begin{aligned}
&100a(a-c)+(c-a)\\
&=100(a-c)-100+100+(c-a)\\
&=100(a-c-1)+10\times 9+(10+c-a)
\end{aligned}
$$

圖 9-5

這是一個三位數的形式，顛倒後是：

$$100(10+c-a)+10\times 9+(a-c-1)$$

兩者相加，則如圖 9-6 所示：

$$
\begin{aligned}
&100(a-c-1)+10\times 9+(10+c-a)\\
&\quad+100(10+c-a)+10\times 9+(a-c-1)\\
&=100a-100c-100+90+10+c-a+1000\\
&\quad+100c-100a+90+a-c-1\\
&=1000+90-1\\
&=1089
\end{aligned}
$$

圖 9-6

這裡表示的就是 99a-99c 的一個加工過程，要重新整合為三位數的形式，這個形式就是 100、10 和個位的樣子。詳細講解，請看視頻內容。

掃描看影片講解

神奇的 1089，你可以發現，33 的平方就是 1089，也可以嘗試 99 加 99，得到 198，然後與 891 相加，也是 1089。

當然，如果你有興趣進一步研究，就嘗試完成以下挑戰：

- 第一步：隨便想一個四位數。
- 第二步：寫出這個四位數最大的形式，以及最小的形式。
- 第三步：以最大的減去最小的。
- 第四步：持續下去，會得到 6174。

比如，3296 是一個四位數，它最大的形式是 9632，最小的形式是 2369，相減後得到 7263；再以這個四位數來算，最大的形式是 7632，最小的形式是 2367，相減後得到 5265；再繼續，最大的是 6552，最小的是 2556，得到的差是 3996；接下去，最大的是 9963，最小的是 3699，差是 6264 ；繼續，最大的是 6642，最小的是 2466，差是 4176；最大的是 7641，最小的是 1467，差是 6147；最大的是 7641，最小的是 1467，差還是 6174……就此開始迴圈，逃不出 6174 了。見表 9-1 所示。

表 9-1　神奇的 6174

原數	最大	最小	差
3296	9632	2369	7263
7263	7632	2367	5265
5265	6552	2556	3996
3996	9963	3996	6264
6264	6642	2466	4176
4176	7641	1467	6174
6147	7641	1467	6174
			6174

⋮

用代數的方法如何解釋呢？

我從事教師職業後，沿用了同樣的方式，透過神祕的計算，讓學生覺得神奇，然後不出所料，學生們會陷入其中。具體表現就是默默地在那裡計算，邊算邊得到驗證，繼而培養出好奇感。多數學生能夠維持這個感覺超過一個小時，有的學生第二天還能夠想起來，並追究一下來龍去脈，想弄明白到底是怎麼回事。如果更進一步的話，就能形成抽象的表達方式，這就上升到代數的基礎了。

為了進一步拓展孩子即時記憶力的靈活性，就有了這樣神奇的步驟，進一步讓孩子在有興趣的過程中，不知不覺練習了口算，不知不覺打磨了即時記憶的靈活性，不知不覺地探究出背後的原因。再看：

- 第一步，想好 1 ～ 10 中的兩個數。
- 第二步，將兩個數相加。
- 第三步，乘以 10。
- 第四步，加上兩個數中大的那個。
- 第五步，減去兩個數中小的那個。

好了，告訴我，你得到了什麼數？可能是兩位數，也可能是三位數，給我這個三位數，我就知道你最初想好的兩個數是什麼。

掃描看影片講解

要想知道謎底，請掃 QR Code，看視頻講解。

數學不必以作業題的形式出現，不必都是乏味的、千篇一律的樣子，完全可以很好玩的。我爸爸工作很忙，平時沒有多少時間陪我，也沒那麼多時間和我交談數學問題，往往他在忙的時候，就會用這樣的猜謎遊戲來佔住我的時間，讓我把時間消磨在琢磨謎底的過程中。當我陷入其中左思右想的時候，他就在那裡繼續他的樂曲創作。他時不時也會被我一時的想法打斷，這時，他就讓我把想法寫出來，寫得詳細一點。

後來，我當了老師，也就理解了，有時候，老師丟出大量習題給學生，就是為了讓自己省事兒。唉，人人都有私心，都有符合自己利益的動機。但是，老師為了符合自己的利益，也不應該讓學生陷入機械、簡單、無聊的重複中，最終變成沒有意義的模仿。

數學是思維的體操，是在思考過程中解決一個又一個不同的問題所帶來的樂趣，不是 100 道大同小異的四則運算題，而應該是像這樣的簡單操作，結果有趣，又能夠引發思考。

> 把每個步驟都精細地寫出來，這個過程培養了細緻、縝密的思維，不是跳躍，不是耍小聰明，而是看似愚鈍，實則大智。

我父親長期對我這樣要求，也培養出了我沉著的心態，不疾不徐，做題目就每個步驟都寫出來，如同父母培養我寫日記一樣，到今天，這個習慣都沒有中斷過，這些都是優良品質。事無巨細，提筆就記，學習雷鋒寫日記。語文依靠日記，數學依靠細節。**細節就是步驟，就是過程，就是環節，每一步都有「法」可依，結果自然正確。**

思維的體操要具備三個特點：

1. 表面上簡單
2. 重視操作過程
3. 結果神奇

以上就是思維體操的三個原理。每一個類似的數字謎團都符合這三個原理。

看看你自己家裡的郵遞區號，取最後一位，不要告訴我。簡單操作，你都會，但要符合我要求的過程，步驟的次序不能顛倒，一步一步來：

- 第一步，乘以 2，
- 第二步，加 5，
- 第三步，乘以 50，

- 第四步，加 1767，
- 第五步，減去你出生的年份，比如 1983。

好了，你現在得到了一個三位數吧？第一位就是你家郵遞區號的最後一位，後面兩位，就是你2017年的歲數。從第二招中「當年的生日」，已經延伸到2017年的生日了，作為讀者，要讓自己開始思考，列出代數過程，才是徹底完成了思維過程的方式。嘗試自己列出代數過程。

還可以讓謎題變得更有意思，想好的數，也可以是孩子學號的最後一位，家裡門牌號碼的最後一位，自己生日的最後一位，手機號碼的最後一位，身份證號碼的第一位……總之，只要是個位數就可以，與生活密切結合，會更有意義。

這類題目完全可以生活化，簡單的算式不如具體的現實生活，將身邊的數字引入到數學中，也就建立了數學與生活的聯繫，才能讓孩子體會到數學是有用的，至少真數學是有用的。

全球人口中，1/4 是中國人，其餘的 1/5 是印度人，那麼，印度人佔全球人口的多少？

這道題目有兩種思考方式。一種是按照分數算式計算：

（1 － 1/4）×1/5 ＝ 15%

另一種是按照語句的理解，不列算式，也能計算出是 15%。你是哪種？還是兩種都會？中國學生多數會算式計算的方式，美國學生多數會語句理解的方法。因此，兩國學生之間就有了明顯的思維差異。算式法欠缺語言的溝通與表達，語句法欠缺抽象與提煉。科學的道路上，需要兩種方法並存。

體操，需要肢體符合簡單的動作要求，一套動作結束，會有下一套動作，都是有次序的。思維的體操也是一樣，加減乘除都是簡單動作，操作起來有一個流程步驟，體操的結果是美，形體的美，體現在對稱、均衡、速度、力量上。**思維體操的結果也是美，體現在規律、巧妙、嚴謹、神奇上。**

我當數學老師後，也陷入了一種困境。一方面，要確保自己教的班級考試成績排名在前，這是數學教研組對我教學成績的考核。而另一方面，現有的教材多數都充斥著枯燥的習題，大量的練習對孩子的思維發展不利，多數情況下都會導致學生對數學感覺糟糕，老是做重複的題目，大腦就失去了自我激勵的活力，不再產生多巴胺，不興奮、不主動，呈現閉合回路，只剩下簡單重複、強化記憶、應付考試……日復一日，年複一年，我作為數學老師，自己都不喜歡。於是，我開始開發更多有趣味的教學形式，後來漸漸發現，我的班級，考試成績並不差啊！於是我自己就得出了實踐結論：

> 靈活的教學模式，有趣的教學形式，與考試成績不是對立的。考試成績不是僅透過不斷做題目這一條路才能得到。

真數學，真正的數學課，真正的數學思維，還是來自思維的訓練，而不是記憶力的訓練；也是來自理解力的提高，而不是模仿的熟練。

很多數學老師精心布局，設計出大量刁鑽古怪的題目，他們的目的是把學生難住，不難住學生，好像老師就不夠資格。但不是所有的學生都具備歷經磨難、堅韌不拔的意志品質，多數情況下，難題會讓學生對數學望而生畏、心生厭倦，這種心理狀態難以扭轉。當然，像我這樣的學生，不會被難住，永遠不甘心。思考消化上 10 天還堅持解出題目，是很難得的。這種不屈不撓的品質就是從充滿變化又有操作方法的思考題中培養出來的。

很多老師和父母都會對孩子講：要做好一道題，先從審題開始。很多孩子在做題的時候貪求快，剛看完第一行，就馬上動手操作。實際上，他們就是沒有體驗過長時間對一個題目進行思考的過程。沒有人為他們提供這樣的思考訓練。

要想真正瞭解一道題目，是從題目的結束開始的。這就如同閱讀小說，憑著興趣閱讀，都是從頭讀到尾，而強化理解力的閱讀，都是從尾讀到頭，那才是對自己思維能力的塑造。數學題也一樣。題目不能難，要每個步驟都熟悉，透過幾個環節得出有趣的結果，至少讓孩子覺得不是一道題做完了，不是一個題目結束了，而是一個思考的起點。

怎麼猜出來的？怎麼知道的？再換一個數試試，還是能夠猜到。我能嗎？我也試一試。

題目做完了，吸引孩子進一步回味，大腦中反覆加工題目，順便訓練了理解力，鞏固了操作，啟動了即時記憶力，觸動了神經元的邊界，人的大腦開始啟動，如同汽車的發動機一樣。這才是真數學啊。

於是，大腦就開始形成形式邏輯，這就是抽象思維的初級表現了。類似這種猜謎類型的題目，都能起到這個作用，那就是鋪墊抽象思維的最初底色。數字不再是具體的數字，而是一個符號，最終符號不變，也就透徹理解了思維體操的意義。腦力中的抽象力量，是大量猜謎活動孕育的結晶。

爸爸來作答

第9題

在現實生活中，很多時候都需要將聽到的事情寫下來，看到的，甚至一閃而過的事情，有機會都要寫下來。每個運算步驟都寫下來，對成長中的孩子來說，培養的是：

A：良好的思維習慣

B：細緻縝密的思維

C：正確使用原理和公式

D：慢性子、穩妥保守的心態

（參考答案請見書末）

第 10 招

家庭數學輔導的 12 個疑惑

◎ 許多似是而非的概念、模稜兩可的説法、含糊不清的認識，都體現在家長們提出的各種問題上。

◎ 速算好的孩子數學好嗎？不是每個孩子都適合學數學嗎？多做題目能提高數學成績嗎？如何在生活中考察孩子的數學能力？……

越來越多的知識女性成為了媽媽，這些知識女性也越來越懂得家庭教育的重要意義。在中國的大環境下，早期教育概念的普及、「不能輸在起跑線上」的說法都不斷成為一種共識，讓媽媽們格外重視自己孩子的教育。她們積極參與孩子的成長和教育活動，從陪伴孩子在外面參加各種幼教機構組織的親子活動，到積極不斷地購買家庭教育方面的圖書，她們的種種行為都表現出參與孩子成長教育的積極性。

積極的態度、熱情的參與並不等於能讓孩子天生具備正確的方法、做法和思路。中國的孩子並不是輸在起跑線上，而是輸在起跑姿勢上。學習的方法不對、內容不對、思路不對都會讓孩子養成錯誤的習慣、形成錯誤的認識，甚至記下錯誤的概念。伴隨著這些錯誤長大，隨著錯誤的增多，也就越來越難以矯正，孩子當然也就難以成長為擁有創造力和前端領導能力的人才，也就永遠是只會做題目、不會出題的工匠；永遠是會做試驗卻不會構思試驗的科技藍領；永遠是只會解決別人提出的問題，卻不會發現問題並提煉出新問題的跟風者。

許多似是而非的意識、模棱兩可的說法、含糊不清的認識，都表現在家長們提出的各種問題上。我總結了近幾年與三千多名父母在交流過程中遇到的十二個問題，我將我的回答彙整在這裡，儘量讓家長對孩子的數學學習，尤其是對小學階段的數學學習能夠有一個正確的認識。

問：12 歲以下的孩子對抽象概念掌握的程度一樣嗎？

答：程度不同。

數學學習所涉及的關鍵就是抽象概念。比如，「兩個數相加」這個說法，孩子都能懂，而說「兩個數的和」，一些孩子就不懂了。兩個數的和就是兩個數相加的抽象說法。任意數的和，就更抽象了。甲乙兩地相距 20 公里，這句話中，甲、乙就是抽象詞彙。抽象詞彙需要思維的加工，要能夠把抽象詞彙的意思變成另一個具體的意思，如北京市西城區到朝陽區有 20 公里。這就是抽象思維具象化的一種表現。

抽象思維有三個表現：

第一，能夠將具體的事物用概括的方式表現出來。

第二，能夠對概括的事情和說法進行組合、變化，並操作。

第三，能夠將抽象的事物用具體的例子進行解釋。

有的孩子 9 歲就能表現出對抽象詞彙的理解能力，有的孩子要到 15 歲才有可能表現出抽象化加工的痕跡。對抽象概念的掌握，確實能夠說明一個人未來的思維表現水準。比如，抽象能力較強，理解事物的深度也就超越多數人；抽象能力較弱，很多需要腦力勞動的工作就難以勝任。抽象能力可以說明一個人的智力發展情況。

但要區分的是，不同的孩子有不同的發展節奏。有些 9 歲就具備很強抽象能力的孩子，到了 15 歲就開始出現退化的跡象，這種情況是常見的。當孩子表現出抽象能力的時候，要區分的是，這種能力是依靠記憶力表現出來的，還是依靠理解力表現出來的。

> 對父母而言，實際而具體的啟發意義在於，不能強求自己的孩子與別的孩子發展表現一樣。自然情況下的發展，才是每個孩子自身可適應的最佳節奏。

女孩通常在三、四歲就能夠表現出對大量詞彙的使用能力，而實際上，那僅僅是模仿而已，這種模仿是依靠記憶力來實現的。這種情況到了八、九歲，表現出來的就是好像懂得很多，所用的詞彙中抽象詞彙較多，其實這並不能說明就是聰明，或者智商水準高，這僅僅是記憶力的一種表現。

男孩的發育節奏與女孩完全不同。不理解的時候，他們表現出來的就是不會，難以使用記憶力。無論是做題還是寫作文，男孩的表現都要遲鈍一些，實際上，這樣的孩子到了 12 歲左右，理解力便開始成熟，思維也開始發展，到了 15 歲，他們學業上的表現普遍開始超越女孩，依靠的便是理解力。這時，多數女孩還在依靠自己的記憶力學習，越來越吃力。

這就是數學的一個功效，能夠輔助孩子形成自己的思維能力，尤其是抽象思維能力。孩子形成抽象思維能力的節奏不同、階段不同、表現不同，這些都需要父母和老師識別出來，並針對孩子階段性的表現以及階段性發展的特點進行輔導。

問：計算快、準確性高的孩子數學水準高嗎？

答：不一定，多數情況下不高。

有一個非常普遍的情況是，多數父母和老師都要求孩子計算快、準確性高。那些孩子的突出表現如果與老師和父母所施加的這種壓力有密切的關係，那麼這個孩子的數學水準實際上就已經開始出現延緩發展的前兆了。

15 歲以下是人的認識水準逐漸形成的關鍵時期，這是由大腦的發育、發展過程決定的。大腦在發育過程中最擅長的是接受新生事物，新的做法、新的形式、新發生的事情，一切都是新的。大腦在成熟後，更多的活動才是以重複為核心，透過做重複的事情提高效率，但這都是 15 歲以後的事情。

如果在 12 歲以前，也就是小學階段，甚至是幼稚園階段，大人要求孩子背誦和熟練處理數字計算，這些動作都不是新的，而是機械化的重複行為，那麼孩子的大腦就開始懈怠，並縮小腦神經擴展的力度，不再高速發育並覆蓋全腦，而是局限在一個區域中，不斷重複和加深。15 歲以後，當需要大腦更多加工知識、處理資訊、解決問題的時候，腦力就不夠了。一個主要原因就是過早訓練大腦效率，從而約束了大腦區域擴張的發展。

所以，計算快、準確性高的孩子數學考試成績好，數學能力卻弱，因而實際水準多數是不好的。

每個階段，孩子的智力都有這個階段要發展的專案，如果將腦力用於發展一個 5 年後才需要發展的內容，就錯過了那個階段原本應該發展的部分。

9 歲以前，應該重點發育的腦力是數感、空間感、音樂感、協調感，讓大腦能夠全面發育，對身體的各個部分進行控制，這是智力的一個核心基礎，在控制的過程中，從回饋中形成對世界的認識。數學在智力發展過程中所扮演的角色就是激發大腦熟悉數字、熟悉規律、熟悉關聯、熟悉因果……透過數數，透過數列，透過加減乘除的運算，透過各種與生活相結合的數學運用，包括路上的時間、書包的重量等，透過各種深入的結合，推動大腦皮層的活躍。

問：不是每個孩子都適合學習數學嗎？

答：對！不是每個孩子都適合從事數學工作，不是每個孩子都對數學敏感，不是每個孩子都必須要喜歡數學。不過，每個孩子都應該學習數學。

「適合」這個詞包括三種情況：

- 1.對於所接受的內容，能夠掌握 75% 以上。
- 2.對於所需的時間，在大腦開始出現厭煩情緒前，能夠掌握到 75%。
- 3.平時在沒有提示的情況下，還能夠主動想到一個內容。

如果出現了以上三種情況，這個孩子就是適合數學的。如果以上三種情況都沒有出現過，就是不適合。

適合與不適合是一個培養的過程。就算是不喜歡數學的孩子，如果遇到一個老師，這個老師的表現和言談舉止一下子就能讓孩子喜歡，他就會開始熟悉數學、習慣數學，並出現以上三種情況中的第一種，接著就是第二種，然後出現第三種。三種情況都出現後，就會形成正向迴圈，孩子的數學也就開始有感覺了，有了進步，不再害怕，不再擔心，不再感到陌生，他漸漸地也就開始變得適合學習數學了。

問：記憶力好的孩子容易學好數學嗎？

答：無法回答。

記憶力有兩種：第一種，即時記憶力；第二種，延續記憶力。

孩子看到老師在黑板上演示一道題後，再做一道類似題目時，能夠照貓畫虎，大概的樣子非常像老師在黑板上演示出來的內容，這就是即時記憶力的表現。

背誦九九乘法表，這是即時記憶力的強化與深入，是大腦局部神經元回路的深化過程，這個過程如果是對 21 歲以上的人來說，是非常有效的。但對 15 歲以下的人來說，這個回路的活動卻是以損失神經元擴展活動為代價的。

如果孩子到了七年級，還能夠立刻計算出一個長方形的面積，使用了長方形面積公式，那麼，這個長方形面積計算公式就是延續記憶力的結果。

學好數學需要的是延續記憶力，不是即時記憶力。即時記憶力主要用於身體動作的模仿和短期任務指令的執行。延續記憶力的基礎是理解力。數學需要理解力，理解力也能夠透過學習數學得到培養。

問：孩子對數學概念的理解，要嘛就是懂了，要嘛就是沒懂，對嗎？

答：對。

比如數值，這是一個概念，懂了，就知道到十要進一位，不夠就借一位。高位代表的是多少，給 0 排隊在後面。位置不同，代表的量數不同。這就是理解了。

很多學生，貌似會做進位、借位、錯位、定位的題目，實際上依靠的都是記憶力，即時記憶力，然後變成一種習慣下意識。這不是理解。他們看起來會做題目，也能夠做對，但實際上是「暈」的狀態。含糊著駕駛，等道路更加曲折、有更多坎坷的時候，就亂了。

一些學生到了小學五、六年級時開始感到吃力，就是這個原因。到了七年級，跟不上的學生越來越多，隨著知識量的增加、資訊量的增加，他們累積了越來越多不懂的概念，模糊的、含糊的概念糾纏在一起，做錯的題目就越來越多，受到的打擊就越來越大，自信就開始降低，最後索性認了——自己不是學數學的料。

問：速算好的孩子一定數學好嗎？

答：不一定。多數情況不好。

數學好要分三種情況來看：第一種，是數學考試成績好，還是數學思維好；第二種，是小學時好，還是中學時好；第三種，是已知的好，還是未知的好。

第一種，數學考試成績好，完全不等於數學思維好。考試測試的是學生對老師所教知識的掌握情況，很多情況下，考試題目不能體現數學的思維活動。

第二種，很多學生上小學時數學考試分數不錯，到了七年級就開始下滑，高中聽課就跟不上了；學過的數學知識也就漸漸遺忘了，從此也不再接觸數學了。

第三種，老師教過的內容，就是已知內容，掌握得不錯，那是記憶力好。對於未知的事物、沒有學過的內容，自己完全沒有能力學習，當然也就無從掌握，更談不上數學思維能力了。

以上三種都是對一個學生數學好壞的區分，區分本身就是一種重要的數學思維。

問：解題能力強的孩子數學能力一定好嗎？

答：不一定。有好的情況，也有不好的情況。

擁有數學能力的最終目的不是解題。解題僅僅是將數學思維能力中的一部分使用出來的表現。數學能力還有一個用途就是提出問題。遇到日常生活中的各種情況，能夠形成問題並描述出來，構建出已知部分以及希望解決的未知部分。這個提問的能力，是數學思維最終要培養的能力。僅僅會解題，只是思維的一個階段，再高一個級別的階段，就是提出完整的問題。

也就是說，如果具備提問的能力，能夠將生活中遇到的事情變成一個問題，然後嘗試用數學的方式來解決這個問題。這就是數學能力較好的完整表現。

問：提問多的孩子數學水準好嗎？

答：僅僅從提問多，不能判斷孩子的數學水準。

提問多，已經表現出這個孩子能夠將自己觀察到的事情以及感受到的事情變成一個問題提出來，說明他具備了數學所要培養的最終能力的初級表現形式。

鼓勵孩子提問，並透過回答孩子的問題，引導孩子提出進一步的問題，再進一步的問題，不斷探索、前行，也就提高了數學水準。

問：多練習、多做題目就能提高數學能力嗎？

答：能夠提升部分能力，也就是做題目的能力。

大量做題通常對學生有三個方面的影響：

1. 形成做題的慣性，並形成一套標準的流程做法。
2. 學習新的內容時，不關注內容的作用，而僅僅關注能用於做題的部分。
3. 思維定形為做題模式。

以上三種影響對孩子思維的發展、知識的靈活掌握，以及將其用於改善自己的生活、迎接新事物的挑戰上都沒有幫助。遇到類似的題目會做，題目條件稍微變化，就失去了主見，沒有了辦法。這是應試教育的典型結果。

問：不算學校的考試、測驗等結果，媽媽在家有什麼方法能瞭解孩子的數學水準？

答：想瞭解孩子的數學水準，首先要知道數學水準是什麼，肯定不是解答數學題，也不是考試成績，而是數學思維的表現。

數學思維在家庭生活中的表現，有以下三個方面：

1. 遇到新的沒有接觸過的事物，表現出充分的好奇，具體表現是注意力集中，維持長時間的關注，並漸漸表現出對事物的瞭解。

2. 能夠預測家中的事情。比如，爸爸大概幾點回家；媽媽倒水後，通常會把杯子放到哪裡；看到媽媽在廚房，能夠預測晚上吃什麼……

3. 對時間敏感，對數量敏感，對大小、遠近、快慢等基礎常識比較的概念熟悉，並會運用。

以上三點是在家中，父母可以透過觀察來瞭解孩子智力水準的途徑。數學是塑造智力發展的，智力發展的目的是改善自己的生活，而具體的入手點就是預判事情，預備自己的情況，發現規律、運用規律，達到自己的目的。

問：小學奧數學習對孩子有好處嗎？我的孩子適合參加奧數學習嗎？

答：對有的孩子有幫助，對有的孩子沒有幫助。

不是所有的孩子都適合學習奧數，大約 98% 的孩子沒有必要學習奧數，而其中約 95% 的孩子，學習奧數沒有什麼好處。好處是一種比較而言的說法，如果父母在意升學，那麼借助奧數成績就是一個具體的目的，透過奧數學習，如果能夠達到這個目的，就去學吧。不過，在達到入學目的後，學習奧數的消極危害並不會輕易消除，而且會持續影響孩子以後的發展。父母在追求孩子短期目標的同時，看不到長期的發展，只顧短期有利，那麼，這是父母自己的選擇。

判斷孩子是否能透過奧數的學習獲得長期的幫助，應該從三個方面來考慮：

1. 孩子自己是否有興趣，而不是父母誘惑出來的。
2. 孩子平時的注意力、理解力是否屬於中等偏上。
3. 孩子的學習模式是什麼樣的，是那種認真做筆記的，還是那種沉思型的？是做題偏快的，還是偏慢的？

奧數是培養抽象思維能力的，而不是教會孩子做題目技巧的，也不是給孩子示範訣竅和捷徑的。訓練思維才是奧數的核心目的。訓練思維不是透過大量做題，而是題目少，但可以做的層次多，題目簡單，卻包含多個層次的思考。比如：至少有多少人在一起，就必然會碰到有兩個人生日在同一個月的情況？

問：女孩天生對數學不擅長，長大以後其實也沒有什麼影響對嗎？

答：對的。

女孩對數學不擅長多數是指中學以後，尤其是高中以後的表現。數學表現良好的，很多都是男生。在從事數學工作的人中，性別比例也是失衡的，不僅中國如此，美國如此，歐洲多數國家也都是如此。

人生發展到社會生活階段以後，需要用到數學的工作並不是很多。數學水準的高低對生活的影響並不明顯。若普通人以平凡的生活為目標，98% 的生活瑣事用不上數學，因而數學不好並不會帶來生活水準的下降。

> 不要讓孩子在天性薄弱的項目上耗費時間，應該將寶貴的時間用在孩子的強項上，既是為孩子樹立信心，也是要讓他們將來長大成人後，能有一技之長在手。

《孩子不再討厭數學：10 招媽媽輕鬆教的生活數學》出版後，很多讀者加入了微信群，那是一個讀者交流的地方，他們在那裡提出了成百上千的問題，以上 12 個是出現頻率較高的，也是較為值得思考的問題。閱讀這本《孩子不再害怕數學：10 招爸爸輕鬆教的生活數學》也是一樣，閱讀中有疑問，閱讀後有思考，都可以申請加入讀者群進行提問。本書中有很多 QR Code，你可以掃描，並看到解說的視頻；看到後，還會有新的 QR Code，你可以透過掃描加入讀者群。更多的問題，我們在讀者群中進一步討論。

小學階段是學好數學的重要階段，實際上，也是學好一切學科的重要階段。重要性不是體現在數學考試必須要得高分、得滿分，而是喜歡數學，願意用自己的大腦去想數學的事兒——這才是一生智力發展的基礎。

爸爸來作答

第10題

教育工作者經常說一個詞彙，那就是取長補短。在對孩子的教育中，這四個字的意思是：

A：鼓勵孩子全面發展

B：要求孩子把低分的科目提高上來

C：讓孩子以現有的優勢為自豪

D：讓孩子向優秀的同學學習

（參考答案請見書末）

後記

我爸爸 47 歲那年，還在中央音樂學院進修，還要完成老師佈置的作業。如今我的歲數已超過當年他學習五線譜、學習樂理知識的年齡，我仍然在學習，寫一本書就是上一堂課，一堂數學課、一堂語文課、一堂常識課。

學習是一種習慣，源自從小大腦形成的一種饑渴狀態。一天不讀書，思想上沒有一點像樣的收穫，這一天就如同沒有吃飯。

閱讀一本好書，我會珍惜。珍惜是一種態度，任何態度都需要具體的行為表現出來。我表示珍惜的方式就是慢下來。每天就讀 3 頁，絕不超過。這 3 頁，我會專心致志地讀，寫出筆記來，我會擴展原文的意圖，或者嘗試結合自己的情況。這樣，一本好書就可以陪伴我一個月。我已經不在那種匆匆忙忙找很多書來填飽胃口的階段了。什麼都吃，會吃壞的。

這本書，我準備了 43 年。從 1973 年的日記開始，就為了這本書。那些點滴，那些日子，那些畫面，都是我回首望去還能夠看到痕跡的路徑。那些走過的路，就是思索的篇章，如今寫出來，呈現在你的面前。你看到一路行走的坎坷、人生的曲折，以及路上父母的幫扶、餵養、操心，還有成長過程中的崎嶇不平了嗎？

我是一名數學老師，不是靈魂的工程師，而是腦力工程師，致力於腦力基礎建設、腦力藍圖繪製、腦力燃料供應的工作。透過數學，透過生活，透過動手，這一切，都為強大的大腦而來。

每一位讀者，一路閱讀下來，你是否使用了大腦，是否使用了草稿紙，是否將書中的智慧變成了你自己的收穫、自己的心得，以及自己生活中的參照和應用？這才是真真切切改變自己的做法。

人人都有想法，想法要透過方法得到貫徹，貫徹需要具體的做法。我的做法，就是字斟句酌地寫下來；而你的做法，就是與孩子互動，給孩子留下一張面孔、一次陪伴、一個啟發、一個永遠可以依靠的信心源泉。

媽媽，培育了孩子強大的心；爸爸，建設了孩子智慧的腦。

更多的疑問，我們會在讀者群裡，續寫人生的下一個回合……

附錄

算吧！

1	1−	48×	
1−			2÷
	5+		
5+		1−	

6×		24×	
12×	4		
		12×	4

2÷		3	48×
12×	6×		
			2÷
	2÷		

2÷	12×		1
	2÷	12×	
12×		2÷	
	1	6×	

1−		4−		10×
9+		12×	20×	
				8+
	13+	2÷	1−	

9+		20×	8+	
2÷			4−	
	12+			10+
7+				
1			2÷	

3+		5	15×	60×
9+				
40×	4−	1−		
			2÷	
	2−		2÷	

3−	5+		1	5+
	9+		9+	
1−	4−			
	2−		3−	
3+		4	8+	

6×	80×		6×	
			5×	
60×	30×			4
		2×	8×	15×

11+		9+		
11+		8+		6+
1−	3−	12+	3	7+

6×		15×		40×
80×				
		2	12×	
15×		8×		30×

15×		10×	4×	
2	20×		12×	
12×				20×
	2×	60×		
				3

11+	2	5−		12×	15×
	1−	2÷	11+		
8+				3−	
	5−		5+		2
	10×	15×		5−	10+
			4		

80×		11+	6×	3÷	
	5−			3÷	
6×		5+		5	14+
	2	1−		8×	
3÷		1−	5−		
11+					4

3÷	90×	24×			5×
		2÷	12×		
3÷			30×	20×	
	4×			3÷	
20×		36×	30×		2
				12×	

2×	72×		10×	15×	
				24×	
24×		120×	36×		
				12×	30×
5	15×	12×			
				8×	

2÷		96×		15×	
3	120×	18×		2÷	
			15×		3÷
20×			2÷		
3×		10×	5×	24×	
3÷				12×	

45×		2÷		42×		15+
6−		40×	8×			
	6−			2÷		
40×		54×		9+		5−
	13+			10×		
	4	13+			7+	
6	40×			6−		

7	3+		1−	10+		21+	
15+		4+		4−			
2−	1−		10+		7−	7+	12+
		10+	4−	15+			
3−					2	7−	5+
13+		6−		5	10+		
	10+		3−	6+		6	5+
4+		5			13+		

4÷		21×		40×		432×		
42×		4÷		1		135×		
18×	30×	15×			3÷	32×	168×	
		4÷	18×	63×			120×	
21×					56×			
2÷	18×	45×		8×			3÷	12×
		48×	2÷	252×		10×		
3÷				120×			14×	4×
40×		7			27×			

解答

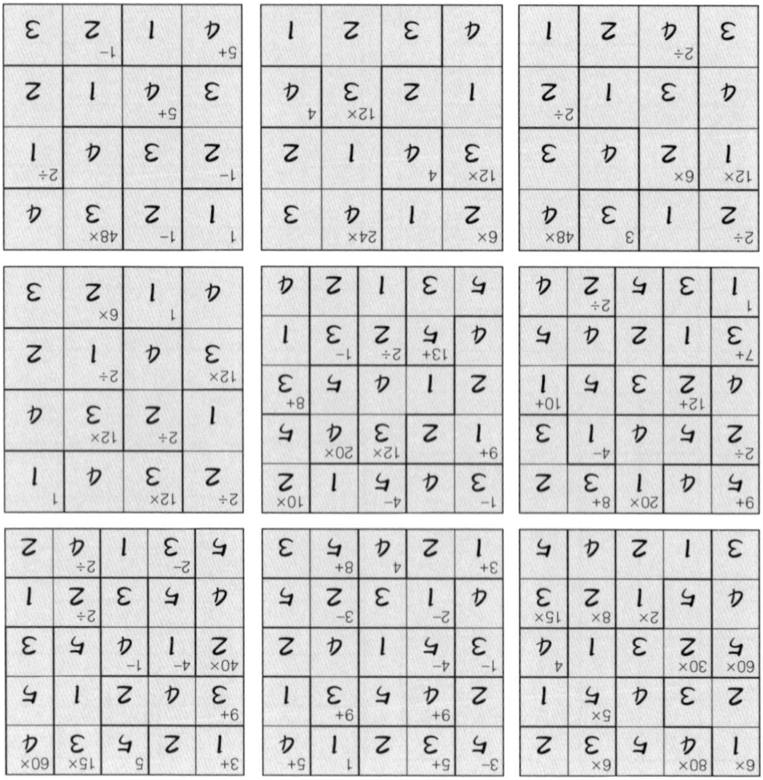

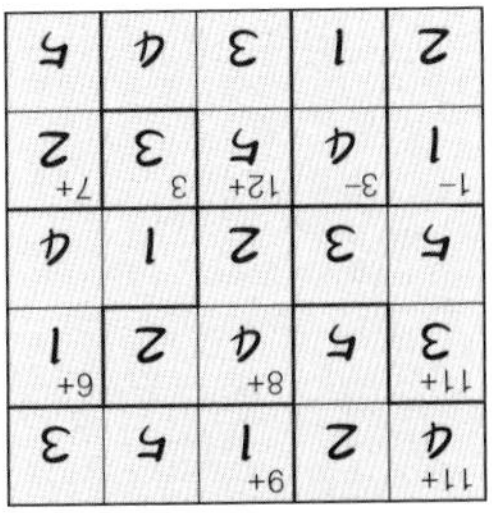

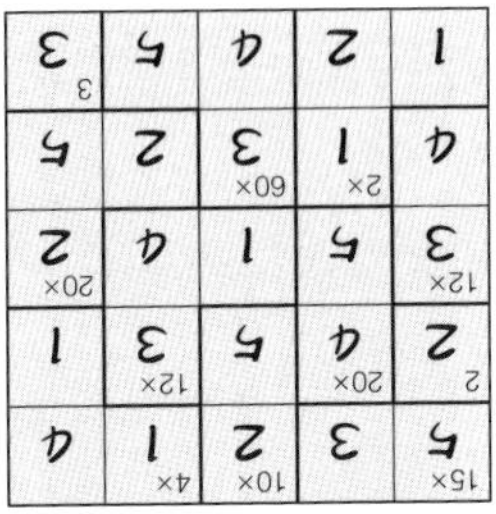

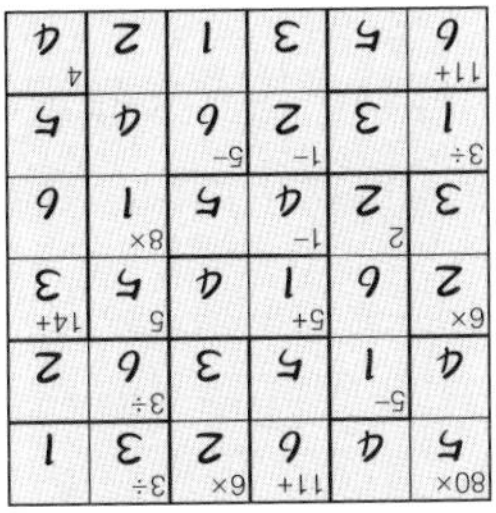

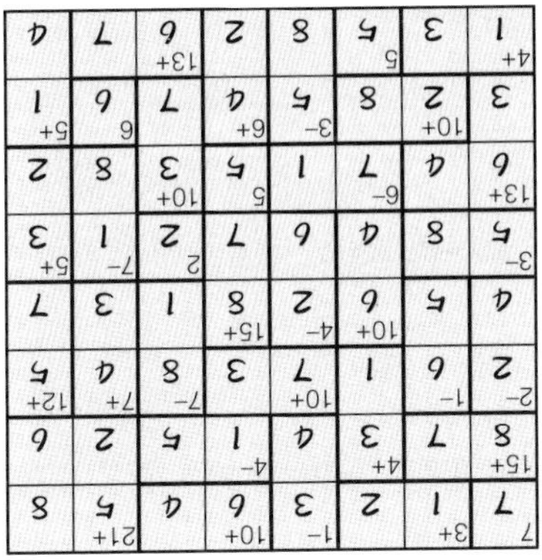
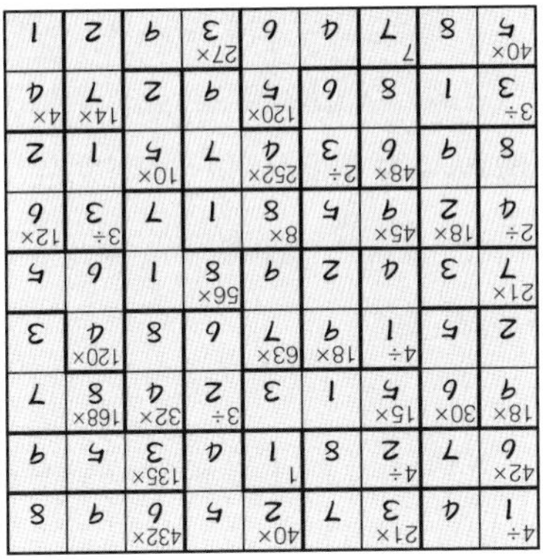

媽媽說

《孩子不再討厭數學：10招媽媽輕鬆教的生活數學》出版以來（編註：這裡指中國的情況），收到很多讀者回饋。許多媽媽反應，孫路弘老師筆下的數學活潑有趣，讓人耳目一新，終於讓她們在面對孩子的數學時找到了門道。讓我們來看看，這些媽媽都是怎麼說的？

數學到底該怎麼學？

無論是經歷過高考磨礪的爸爸媽媽，還是剛開始接觸數學的小朋友們，「數學該怎麼學」這個問題，誰都很難說清楚。

孫老師這本書卻很簡單地就把這個問題闡釋清楚了。數學學習之初，最重要的是寬鬆的環境和合理的引導，以激發孩子的興趣為目的，透過結合實際生活中的例子，讓孩子體驗實踐、觀察、猜測和驗證。讓興趣帶領孩子享受發現的喜悅，才是正確的數學學習之道。

書中還對小學數學中常見的錯誤進行了詳細分類，針對不同分類，父母可以在實際的演示中引導孩子一步步思考，從而發現孩子真實存在的問題，填充沒有學好的概念點（類似可汗學院的理念），透過織滿這樣一張網狀的知識系統，孩子的數學思維就算打好基礎了。

對於幼稚園和小學的小朋友家長來說，閱讀這本書應該會獲得不少幼兒引導、小學家庭教育方面的知識和技巧。

孫路弘，帶我感受「真」數學的老師

在孫老師的數學啟蒙中，我接觸到了我 37 年來從沒接觸過的學習思想，豐富立體的「慢思考」，比如：學習數學，我們要「比基礎，不比小聰明」「思路不能貪快跳躍，孩子一旦養成思維跳躍的習慣，面對複雜的問題就會混亂」等等。

孫老師強調讀題要慢。作為北師大數學系的畢業生及中國第一位奧數班的班主任，他讀一道簡單的小學數學題竟然是慢慢地、逐字地讀，而非一目十行，重點部分還會重音讀，特別關鍵的部分還會來回念三遍，並且，在句與句之間，在句子讀完後，還會有長長的停頓——其實不過幾秒鐘，但在心急的人看來，幾秒鐘都是漫長的。

這與我的預期完全相反。數學好的人，應該是很聰明的人，而聰明的人不應該是很快的嗎？怎麼能這麼慢呢？

看來還是要重塑思維習慣，更慢一點學數學，讓思維基礎變牢固。

將數學轉化為孩子「生活能力」的一部分

數學學科本身是高度結構化的，而社會生活本身又充滿偶然性，難以納入結構，這是在家中進行數學啟蒙最難的地方，我們未來的生活中有多少能用學科知識直接指引呢？是把孩子變成一艘滿載語、數、外各科知識補給的航船，還是教導他們「遇礁繞行，遇險自救」，用生命的活力點亮自己的航燈、選擇自己的航線呢？

孫老師用他獨有的富有韌性的表達方式和深刻的人性洞察，把簡潔的數學邏輯思維和人類社會的日常生活相貫通，將數學轉化為孩子「生活能力」的一部分，直指進取型人格養成。他又曾是數學教師加奧數教練，非常重視數學思維基礎的扎實與嚴謹，但又明確主張學校教育不能延伸到家庭，而應各有側重地給予孩子支持。

提到數學不再頭疼

在接觸到孫老師的數學啟蒙方法後，數學在我心裡不再是一個令人頭疼的科目。當我不再恐懼數學時，相信我探索的快樂也會感染到孩子。

我以前也明白生活中處處有數學，但是怎樣才能真正實踐，給予孩子正確的數學啟蒙呢？孫老師教會了我「玩」這個字的實際意義：在孩子眼裡關注東西、手上拿著東西或是有動作進行的時候，都是在玩，都是數學啟蒙的好時機。

學數學，要生活

不知有多少人和我一樣，覺得除了數數和算錢，數學與自己毫無關係，並因此提不起學數學的興趣。

坦白說，「無感」是拒好多人於數學大門之外的主要原因，包括之前的我。孫老師顯然知道這一點，所以，書裡充滿了各種「生活感」。比如：孫老師的數學問題裡不乏冰淇淋題、吃飯搭配題、作息時間題、數公車站題、水費題、電費題、溫度題……這些難得的「數學概念」需要孩子真正地深入生活，有時還需要他們親自動手操作，讓「數學要融入生活」的理念真正活了起來，也引領我這個學生打開了更多扇「生活數學」的大門，比如為吃貨女兒搞定各種蛋糕題，或是將奇妙的數學畫在孩子們的 T 恤上……

爸爸來作答 答案

第 1 題：C

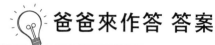

說明：思維定式就是大腦圖省事，記住一個公式後，每次就按照公式進行。

第 2 題：B

說明：這是孩子最初掌握神奇事情後，想要與他人分享的行為，以示自己與別人不同。

第 3 題：B

說明：人一旦養成習慣，就會被習慣駕馭，一定要多想，之後再行動，並形成習慣。

第 4 題：A

說明：著迷能讓人陷入其中長時間地思考，思慮漸漸周全，嚴謹性也就出來了。

第 5 題：D

說明：畫圖的目的不是為了做題更快，而是更加準確。當看到題目的線索較多時，畫圖就成為了一個可靠的工具。

第 6 題：C

說明：能在相當長的一段時間內，經常想起那個題目，就是存疑的表現了。

第 7 題：D

說明：這類遊戲涉及多種規律的結合使用，而玩的次數多了，規律熟悉了，也能使思維更靈活。

第 8 題：B

說明：信任不是透過好奇的活動帶來的。孩子看到大人也不會，自己會了，強化的是自信。

第 9 題：A

說明：寫的過程中，思維會得到整理，解題的前後次序也能得到重新調整。步驟不是為了記住正確的內容，而是透過輸出的方式整理思維。

第 10 題：C

說明：彌補弱項是以短克長的方式，而發揮強項則能引發自豪感，讓他們以自己特別優勢的項目得意。

CUV0048

孩子不再害怕數學：10招爸爸輕鬆教的生活數學

作　者—孫路弘
主　編—王瑤君
責任編輯—龍穎慧
責任企劃—張瑋之
封面設計—比比司設計工作室
美術設計—楊珮琪
內頁排版—新鑫電腦排版工作室
封面、部分內頁插畫—黃尹伶
董事長
總經理—趙政岷
出版者—時報文化出版企業股份有限公司
10803 台北市和平西路三段二四〇號七樓
發行專線—（〇二）二三〇六六八四二
讀者服務專線—〇八〇〇二三一七〇五
（〇二）二三〇四七一〇三
讀者服務傳真—（〇二）二三〇四六八五八
郵撥—一九三四四七二四 時報文化出版公司
信箱—台北郵政七九～九九信箱
時報悅讀網—http://www.readingtimes.com.tw
法律顧問—理律法律事務所 陳長文律師、李念祖律師
印　刷—盈昌印刷有限公司
初版一刷—二〇一七年九月一日
定　價—新台幣二八〇元
行政院新聞局局版北市業字第八〇號
（缺頁或破損的書，請寄回更換）

時報文化出版公司成立於一九七五年，
並於一九九九年股票上櫃公開發行，於二〇〇八年脫離中時集團非屬旺中，
以「尊重智慧與創意的文化事業」為信念。

國家圖書館出版品預行編目（CIP）資料

孩子不再害怕數學：10 招爸爸輕鬆教的生活數學 /
孫路弘著 . -- 初版 . -- 臺北市：時報文化，2017.09
面；　公分 . --（教養生活）

ISBN 978-957-13-7109-2(平裝)

1. 數學教育 2. 學前教育

523.23　　　　106014256

ISBN 978-957-13-7109-2
Printed in Taiwan